イラスト図解

ひと目でわかる、すぐに身につく

5日間で言葉が
「思いつかない」
「まとまらない」
「伝わらない」
がなくなる本

スピーチライター **ひきたよしあき** 著　**ヤギワタル** イラスト

大和出版

はじめに
「思いを言葉にする力」を
自分のものにしたいあなたへ

2019年に『博報堂スピーチライターが教える　5日間で言葉が「思いつかない」「まとまらない」「伝わらない」がなくなる本』を出版しました。
当時、私は広告会社・博報堂で政治家や企業トップのスピーチを書きながら、明治大学で「言葉の力」を強くするための講義を行なっていました。
学生と企業のトップ、双方の声を聞く環境にいた私は、お互いが何を欲しているかがわかりました。それを踏まえ、社会人となった若者が、自信をもって、自分の言葉を発せられる本を書きたいと考えていました。

社会人になると「思いを言葉にする」機会が増大します。
会議、商談、プレゼン、企画書、報連相……など、言葉にできなければ、何も考えていないのと同じこと。ビジネスの場では、考えていることをアウトプットできなければ、評価されません。
しかし、教え子からは毎日、「就活面接で頭が真っ白になる」「語彙が少なくて話せない」といった悲鳴にも近い相談が持ち込まれる。そんな語彙力不足・表現力不足の若者の救いになる本をつくりたいと思いました。

幸い本は、10万部を超える大ヒットになりました。一時的に売れるだけでなく、発売から年月が経った今も売れ続けています。
これをきっかけに、講演会や取材の依頼が激増。37年間勤めた博報堂で研鑽した「言葉の力」を活かして、会社を立ち上げ、現在はコミュニケーションコンサルタントとして活動しています。
一冊の本が、私の人生をも大きく変えてしまいました。

ビジュアルと画期的なトレーニングで、もっと身につく

一過性の売れ行きに終わらない本はありがたいものです。
読者の方から、本をよりよくするためのリクエストやアイデアをたくさん
いただくことができます。最も多く意見が寄せられたのは、
「読んだことを実践したい。具体的な課題やワークを書いてほしい」
というものでした。

さらに、こんな意見もありました。
「文字ばかりじゃなく、ビジュアルでわかるようにしてほしい」
これは、私が教鞭をとる大阪芸術大学の学生からあがった声です。
時間に追われ、活字離れが進む若い世代からは、「すきま時間に、パッと
イラストで要点を理解したい」と言われ続けました。

こうした声に応える本をつくろう。ビジュアルで要点がわかる、トレーニングで身になる本にしよう。編集者と再びタッグを組んで動き出したのは、
今から3年前のことでした。

しかし、簡単には進みませんでした。コロナ禍が襲ってきた。
コミュニケーションの手段はもちろん、働くこと、人間関係などの価値観
が大きく変わってしまったのです。執筆は何度も座礁し、書き直しに次ぐ
書き直し。正直なところ、諦めかけた時期もありました。
ただ、この時期があったらからこそ、この本はたくましくなったと思って
います。

様々な価値観を踏襲して、さらに強くなった

前作『5日間』を刊行してから4年間、私は大企業のみならず、地方でが
んばる中小企業、プロサッカー選手、伝統仏教の僧侶、建築設計に従事す
る若者、離島の創生をめざす人々など、多種多様な生き方をする人たちと

出会い、泥まみれになって言葉の力を磨きました。

様々な価値観に触れることは、私の固定概念を覆し、視野を広げてくれました。本書ではそのエッセンスを盛り込み、『5日間』の内容を丁寧に全面的に見直したことで、渾身の30のメソッドへとアップデートしています。内容は以下の通りです。

Day 1 頭の中にあるものを知る

「急に話を振られると、言葉がスッと出てこない」

脳はあなたが思っている以上に怠け者です。少しでもラクしよう、働かずにいようと思っている。放っておくと言葉が思いつかなくなって、大切な場面で頭が真っ白になってしまいます。解決するには、筋力トレーニングのように、怠けた脳を鍛え直すこと。極めて簡単な練習法ですが、毎日やれば必ず効果があります。ちょっとした空き時間に試してください。

Day 2 考える習慣をつける

「考えるのが面倒で、すぐに答えをネット検索してしまう」

わからないことがあれば、すぐにスマホで調べる。確かに効率はいいのですが、最近はスマホに頼りきりで「自分で考える力」が劣化したといわれます。2日目は、多くの視点が持てるように、「こういう考え方もある」「ひょっとしたらこうも考えられる」と自分の頭で考える力を養います。今の社会人に必要なことは、「ひとつの答え」を導き出すよりも、別解を多くもつことです。たくさん考えましょう。

Day 3 論理的に発想する力をつける

「一生懸命話しているのに、ちっとも相手に伝わらない」

こんな悩みを抱えている人も増えています。なぜ伝わらないかといえば、それは「論理的でないから」。「論理的」とはひとつひとつ積み上げていくことです。思いつくままに話すだけでは、相手にあなたの話が積み上がっていかないのです。3日目は、「論理」を積み上げる古典的な考え方から最新のメソッドまでを紹介します。「あなたの話はわかりやすい!」と言われる人をめざします。

Day 4　真に伝わる表現力を磨く

「あなたの話にじーんときたよ。心が揺さぶられた」

誰もがこんなふうに言われたいものです。そのためには「論理的な語り」に加えて、「クリエイティブな表現力」が求められます。短い言葉で、相手の心を射止める。学校で学んだ話法を捨て、意外性のある言葉で語る。相手が動きたくなる話法を学ぶ。難しいことではありません。ちょっとした言い回しや言葉の力点の置き方、相手への気の使い方で、心を揺さぶることが可能になるのです。

Day 5　言葉に説得力を持たせる

「あなたの言うことなら、信頼できる」

人間関係において最も大切なのは信頼です。信頼があるから商談が進む。信頼があるから、助けてもらえる。信頼があるから、失敗を許してもらえる。5日目は、相手の信頼を勝ち得る方法を身につけましょう。そのために、情報感度を上げる方法、嫌われずに断る方法などを学びます。最後には「ありがとう」というパワーワードをものにすることで、すべてのメソッドが完了します。言葉の力がついたことを実感してくださいね。

すべての章は、
● どんな悩みを持つ人に読んでもらいたいか
● メソッドを文章で解説
● 2つの POINT をイラスト図解化
● メソッドの具体的なトレーニング事例
という構成でできています。

どこから読んでも話がわかるように構成されていますので、パラパラとめくって、気になるページからはじめていただいて結構です。

なかには、「5日間で 30 メソッドはあまりに分量が多くてこなせない！」と思う方もいるでしょう。心配いりません。人によって言葉に関する悩みは違います。読まれる方の環境も世代も様々でしょう。

それらに対応するために、メソッドを贅沢に披露しています。

「面白そうだ」「この力が私には欠けているな」と思えるところから気軽に試してください。私は大学の講義で1年かけて教えています。**それくらいゆっくりしたペースでひとつひとつ実習を重ねていただければ、あなたの言葉の力は見違えるものになるでしょう。**

どうぞ、自分に一番合った方法で学んでいってください。

ほんの少しの心がけで、堂々とした自分に変わる

ほしい言葉がスッと「思いつく」、自分の考えを相手が理解しやすいように「まとめる」、自分の言いたいことが相手の心を揺さぶり、実際の行動を起こしてもらえるように「伝わる」。

そんな理想の姿を想像しながら、私の講義や著書で学ぶことで、自分の言葉に自信が生まれ、別人格になったかのように堂々と話せるようになった人を私は何人も目撃してきました。

「頭にあることを、とりあえず言葉にする度胸がついた」

「言葉で相手を動かす感覚がつかめた」

前作『5日間』との一番の違いは、こうした実績を踏まえ、心から自信を持って書けた点です。

「今のあなたのままでいいんだよ。それを否定する必要はない。人は、ほんのわずかな気持ちの変化と日々の心がけで、言葉に力をもつことができるんだ。そんな自分を信じよう」

学生や多くのビジネスパーソンに呼びかけてきたこの言葉をスタートラインに、早速、言葉の力を味わいにまいりましょう。

ひきたよしあき

Day 2
考える習慣をつける

Day 3
論理的に発想する力をつける

Day 4
真に伝わる表現力を磨く

Day 5
言葉に説得力を持たせる

おわりに 自分自身を決めつけなければ、必ず道はひらく

ブックデザイン／原田恵都子（Harada+Harada）

イラスト図解・4コマ漫画／ヤギワタル

DTP／白石知美・安田浩也（システムタンク）

本書の使い方

本書は、30個のメソッドを5日間で学べるように構成しています。土日を除いた1週間で集中的に学ぶイメージです。内容は、頭の体操的なものから入り、言葉を「思いつく」「まとめる」「伝える」の順で学び、論理から実践へと深めていきます。

ここでは、本書の読み方、使い方をお伝えします。

Method 1

Method は全部で30個。大見出しの下には、言葉に関して抱きやすい「悩み」を記載しています。あなたに当てはまる項目から読むもよし、順番通りに読むもよしです。

POINT①

POINT②

POINT として、Method の中でとくに覚えてもらいたい箇所を2つピックアップしました。イラスト図解といっしょに読むことで、楽しみながら理解が深まります。

Training 1

Method で理解した内容を、すぐ実践として試せるように、Training を用意しました。読んで終わりではなく、確実に身に着けるためにどんどん活用してください。

Day

1

頭の中に
あるものを知る

※☐チェック欄として活用してください

「言語化」とは、才能ではなくスキル

言語化とは、頭の中で浮かんでは消える思いや言葉の断片を取捨選択して、話し言葉や文字に転換する力です。

とっさに言葉が出てこない。頭が真っ白になるという現象は、頭の中にプカプカと浮いている言葉の中から必要なものを選び取れないときに起こります。

「まさに、私がそれだ。思ってるだけでなかなか言葉にならない」とあなたは思うかもしれません。

しかし、まったく心配する必要はありません。

うまく言葉が出てこないのは、持って生まれた能力や才能のせいではありません。トレーニングの方法を知らないだけなのです。

脳は、私たちが考える以上に怠け者で怖がりです。なるべく働かないように、保守的に暮らしたいのです。脳のご主人であるあなたは、「怠けてもらっては困ります」と常に脳に働きかけ、トレーニングさせる必要があります。

難しい話ではありません。最近使っていない単語を思い出す。目の前のことを実況中継する。思いをノートに綴る。そんなわずかなトレーニングを脳に課していきましょう。

はじめのうちは「面倒くさいなぁ」「そんなことできないよ」と怠け者の脳は反発するでしょう。しかしそれでも続けていると、だんだんと従順になります。やがて、言語化することが楽しくなるはずです。ゲーム感覚で楽しんでやってください。

何かを思い出そうとするとき、思い出せなくて脳がジンジンします。イライラもしてきます。その「ジンジン」「イライラ」が大切。**答えが出ることよりも、「ジンジン」「イライラ」することが、脳にとっての筋トレなのです。**脳が汗をかいている証拠です。「ジンジン」「イライラ」することを楽しんでください。

Day 1でめざすのは、思いがスッと言葉になって出るようになること。つまり言語化力を高めることです。
「書く」「見る」「覚える」「感じる」力を強くして、あなたらしい言葉がスッと出てくるようにしていきましょう。

30秒でものの名前を 10個言う

●自分の気持ちや考えをパッと言葉にできない

●ものや人の名前がすぐに出てこない

●会話の途中で頭が真っ白になる あなたへ

認知症の予防には、「花の名前をたくさん思い出す」という記憶力を活性化させるトレーニングがあります。これを応用して、脳に強制的に単語を思い出させていきましょう。

思い出す単語の数は10個。制限時間は30秒。

やってみるとなかなか思い出せないものです。「ヒヤシンス」と聞けば知っているものが、思い出そうとするとパッと出てこない。それは頭の中にある言葉が長く使わないうちに、湿った花火のようになっているからです。

💬 頭の中の言葉は整理されていない

言葉は、頭の中に整理箪笥のようなものがあって、いつでも使えるように並べられているわけではありません。その時々に閃く花火のようなもの。**このゲームをやっているうちに脳は怠け心から脱し、「いつでも言葉を思い出す臨戦態勢」に入ります。**

脳に対して「怠けてちゃいけませんよ。今度は県庁所在地を10個思い出してください」と命令すると、脳は必死に県庁所在地を探しはじめます。思い出せなくてうんうん唸ることもあるでしょう。しかし、その時間が脳を活性化させてくれるのです。

とくに最近は、スマホやパソコンによって、大量な情報を処理することに脳が使われがちです。受動的な使われ方ばかりされて脳が疲労し、若い人でも「スマホ認知症」にかかる人が多くなっています。

受動的にインプットするだけでなく、脳の中で眠っている言葉をアウトプ

ットする。「思う」だけでなく、声に出してみる。

こうして脳の使い方をバランスよくすることで、言葉がパッと出てくるようになります。

POINT① 思い出す瞬発力を鍛える

言葉がパッと出ない原因は「ボキャブラリーが足りないから」ではなく、「言葉を引き出す瞬発力が弱っているから」です。パッと出てくるようにするには、思い出す力をとり戻すこと。なかなか思い出せないとイライラします。でもそれは、脳が働こうとしている証拠と思って、ゲームをやる感覚で続けましょう。

POINT② 様々な時間、場所でチャレンジする

通勤中、お風呂の中、睡眠前、食事中と、色々な環境でやりましょう。時間も場所もまちまちなほうが脳には刺激になります。人と問題を出し合うのも効果的。このとき、必ず声に出すことが大切です。唇が震えるほどの小さなつぶやき声でもかまいません。頭の中でふわふわ浮かぶ思いは、声に出してはじめて「言葉」になります。思い出せなくても、恥ずかしがる必要はありません。「思い出そうとして脳に負荷をかける行為」そのものを楽しむのが秘訣です。

身近な話題から、楽しんでやってみよう

実際に30秒で10個物事を思い出してみましょう。小学校の頃に習ったこと、タレントや芸能ネタ、自分の好きなもの、人、場所……、なんでもOKです。お題が何かよりも、脳に負担をかける行為自体が大切です。
なかなかお題が思いつかない場合は、以下から取り組んでみてください。

❶「お寿司のネタ」を10個あげてください。
❷「小学5年生のときのクラスメートの名前」を10人あげてください。
❸「男性アイドル」を10人あげてください。
❹「あなたの好きなレストランの名前」を10個あげてください。
❺「今、世間で話題になっていること」を10個あげてください。
❻「アフリカの国の名前」を10カ国あげてください。
❼「雲の名前」を10個あげてください。
❽「これまで好きになった人」の名前を10人あげてください。
❾「日本の山脈の名前」を10個あげてください。
❿「人気のあるYouTuber」の名前を10人あげてください。

最初は、時間をあまり気にしなくて結構です。パッパッと脳が働くようになると自ずとスピードが上がってきます。

Method 2 → 形容詞をいったん 自分の中から消す

- 「やばい」「すごい」「エモい」が口グセになっている
- 今感じている気持ちに適切な言葉が見つからない
- 受け身の発言ばかりで、自ら率先して話せない あなたへ

「やばい」「すごい」「エモい」、こんな言葉を使っているうちに、他の言葉が思いつかなくなってしまった。何を聞かれても感想はすべて「やばい」。ビジネスの現場で「やばい」を使わずしゃべろうとすると、言葉が浮かんでこない……。

そんな「やばい失語症」で言葉が思いつかない人が増えています。これでは、自分の能力を十分に発揮できません。

💬 形容詞に逃げると本質が見えなくなる

「やばい」も「すごい」も形容詞です。「人」という名詞を「やばい人」と説明する役割があります。一見、自分の思いを表現しているように見えますが、そこに落とし穴があります。

「やばい」「すごい」「エモい」などの言葉は、すべて受動的な言葉です。**誰かが言った言葉に対する反応でしかない。だから、言葉を発する人がいなくなると、何ひとつしゃべれなくなってしまうのです。**

「やばい」「かわいい」と言って、話したつもりになるのは危険です。

みかんのおいしさを伝えるときも、「やばい」では、あなたがどうおいしいと思ったかが伝わりません。具体的に「いい匂い」「色がきれい」「甘いですね」「ジューシーですね」とそのおいしさを噛み砕いて語ることで、はじめて相手に伝わるのです。

💬 五感・情景描写・思い出から語る

「やばい失語症」から抜け出すには、いくつかコツがあります。

①五感を使う：「この映画、笑いすぎでアゴが痛い」

②情景描写する：「映画の間、彼女は泣きっぱなしだった」

③思い出を語る：「これまで観た映画の中で3本の指に入る面白さ」

ここでは、「五感」「情景描写」「思い出」の視点を取り入れることで、形容詞に頼らずに話す練習をしましょう。

POINT① 反応しただけで、話したつもりになるのは危険

「やばい」「すごい」「エモい」などの形容詞は、すべて誰かが言ったことに対する反応です。言った人がいなくなれば、あなたが話す言葉はなくなってしまいます。先に意見を言う人がいなくても、自ら率先して話を切り出し、意見を述べるために、形容詞を極力使わないようにしましょう。

POINT② 形容詞を禁止して、3つの角度から考える

形容詞しか浮かばない脳に、少し負荷をかけます。「五感でどう感じたのか・体にどんな変化があったか（五感）」「周囲の雰囲気に変化はあったか・みんなはどんな表情になったか（情景描写）」「過去にもあったか・自分の経験したものと比べて何が違うか（思い出）」。こうした質問を自分自身に繰り返すことで、形容詞に逃げない脳へと成長していきます。

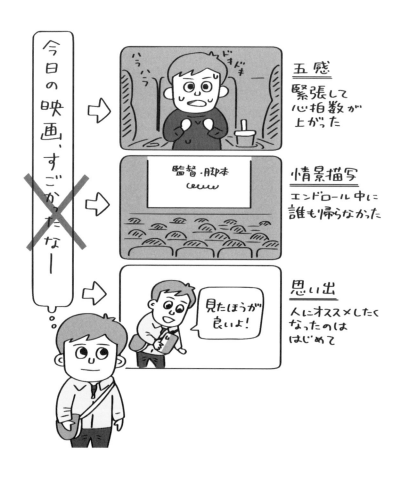

「やばい」に代わる言葉で
しゃべってみよう

「①五感」「②情景描写」「③思い出」の視点から、会話する練習をします。
次の場面で、あなたならどう話しますか？

①五感を使う
場面：ラーメンを食べた感想を言う
×「このラーメン、やばい！」
○「醤油のいい匂い！ うん、麺が噛みごたえあっておいしい！ チャーシューもやわらかいですね」

②情景描写する
場面：得意先に叱責された報告をする
×「得意先と、やばいっす」
○「得意先、5分くらい誰もしゃべりませんでした。腕組みして、ため息ばかり聞こえてきて。いつもはやさしい山本さんも、険しい表情でした」

③思い出から語る
場面：企画書を見て感想を言う
×「これ、すげぇ～！ やばいっす」
○「中田さんの企画書をもう3年くらい見てるけど、これが一番いいんじゃないかな。以前に比べてエビデンスがしっかりしている」

各場面に対して、「①五感」「②情景描写」「③思い出」から話すとどんなセリフになるかも考えてみましょう。
日常で「やばい」と口から出そうになったら、いったん立ち止まる。そして、言葉を選んでから話すことを習慣にしてみてください。

車窓の風景を、そのまま実況中継する

- ●ぼそっとひと言つぶやくだけで、あとの言葉が続かない
- ●「どこがよいか」「どこが好きか」を説明するのが苦手
- ●目の前にあるものをわかりやすく描写できない あなたへ

Method 1、2を実践すると、怠け者の脳が徐々に目覚めはじめます。しかしこれらは、単語を思い出したり、ひと言しゃべれるようになるところまで。今回は単語でなく、ひとかたまりの文章を語るためのトレーニングを行いましょう。

みなさんはアナウンサーが、なぜあんなに状況を的確に語ることができるのか不思議に思いませんか。マラソンの実況中継で「山本、前方との差を10メートルに縮めたところで、首を横に振った。腿が上がった！ 腕も上がった。一気に前に出ました！」と状況を伝えながら、場を盛り上げる。持って生まれた才能もありますが、ある程度は訓練で上達するそうです。

アナウンサーの訓練はじつにシンプル。それは、**目の前の情景をつぶやき続けること**。電車に乗ったら、窓外に見える景色を「青空です。光が道路にふりそそいでます。二階屋のベランダに布団が干してあります。気持ちよさそうです」などとつぶやく。

うまく語ろうとする必要はありません。目の前の景色を瞬時に言葉化する訓練ですから、内容よりも声に出すことに注力してください。

心で思っているだけではダメ。口で発することで効果が出ます。

💬「自分の視界」を実況中継する

ビジネスの場面で活かすには、2つのものを比較しながら状況描写するトレーニングが有効です。例えば、AとB 2つのアイスクリームのパッケージがある。新商品として発売するにはどちらがいいか。

こういう場合も「Aは、蓋のゴールドのラインが効いています。Bは、

エンジ色でプレミアム感があります」と情景を実況する。

目の前に見えるものを言葉にしていくと、自分の着眼点を相手に伝えることができます。これだけのことで、あなたの「ぼそっとしゃべり」はかなり解消するはずです。トライしてください。

POINT① 実況対象は「移りゆく風景」がおすすめ

トレーニングに適しているのは、景色がある程度のスピードで動く乗り物です（運転中はしないように）。解剖学者の養老孟司さんにお会いしたときに「人間の脳がグンと成長するのは、ハイハイをはじめたときです。移動によって移りゆく景色に対応しようとして発達するのです」とおっしゃっていました。流れる景色に合わせて素早く単語を思い出すことは、脳にとってよい刺激になります。コツは「小学生」と単語だけでなく、文章にすること。一文で言おうとした瞬間に、脳は色々な情報をかき集めようとするからです。

POINT② 口に出すことで、理解度が深まる

絵画が２枚並べられていて、どちらもリンゴが描いてある。「どちらの絵がいいと思いますか」と尋ねられたら、リンゴを声に出して描写しましょう。はじめはどちらがいいかわからないものも、口に出しているうちに脳が動いて細かな点を見ようとします。描写力をつければ、ぼんやりとしていた思いが明確になって、自分の意見を具体的に言えるようになります。

Training 3 日常のあらゆることを実況中継しよう

実況中継に最適なものは「移りゆく風景」以外にも、日常の中にたくさんあります。こんな場面で、トレーニングをしてみよう。

場面：電車に乗っている乗客を見て
「前の席には20代の男女と、50代と思われる男性が座っています。男性2人はダークスーツを着ていて、2人ともスマホを見てます」

場面：用意した朝ごはんを見て
「少し焼きすぎでしょうか。目玉焼きの周囲に茶色の焦げ目が目立ちます」

場面：会議の状況を見て
「人数は自分を入れて4人。髪を後ろで結び、赤いフレームの眼鏡をかけた太田さんが立ち上がってプレゼンをしています」

他にも、次のような場面で実況中継できそうです。

- 信号待ちをしている人たちを見て、実況中継
- スーパーマーケットに並ぶ様々な野菜を見て、実況中継
- ペットの犬や猫を実況中継
- 料理をつくるところを自分で実況中継
- 本屋で、本を選ぶ人の姿を見て実況中継

このように脳に負担をかけることで、瞬時に言葉が口から出てくるようになりますよ。

覚えた言葉を「鏡の中の自分」に語りかける

- ●「人よりもボキャブラリーが足りない」と劣等感がある
- ●うろ覚えが多く、曖昧な言葉で語りがち
- ●読書量が少ないので、語彙が少ないと思っている あなたへ

どんなに本を読んでも覚える力が弱ければ、頭の中に言葉は溜まりません。「好奇心があれば、覚えることができる」とも言われますが、どんなジャンルにも好奇心が持てる人などそういないでしょう。

ここでは、ボキャブラリーを増やすために、記憶力を強くする方法を紹介します。

全身を使う&先生になったつもりで

何かを覚えるとき、しかめ面で暗唱したり、同じものを繰り返し書いたりしていませんか。こうした修行のような覚え方は効率が悪いものです。**覚えるときは全身を使う。歩きながら、身振り手振りを大きくして、声を出し、五感を使って覚える。**側から見たら「変な人」と思われるくらい、体全部を使って覚えるようにしましょう。

さらに、自分が覚えたことを人に教えるスタンスで覚えます。目の前にあなたからものを学びたいという生徒がいると仮定して、実際に声を出して教える。**すると、うろ覚えや理解不足の箇所が鮮明になります。自分のウィークポイントを「教える」ことで見つけるのです。**

これは一人芝居でかまいません。私は、鏡の前や Zoom の「新規ミーティング」の画面を開いて、モニターに自分の顔を映しながら覚えています。

覚えにくいポイントに丸をつける

私は中学生の頃、「Thursday（木曜日）」の綴りをよく間違えました。すると、先生は間違えた「u」に丸をつけて答案を返してくれました。

「refrigerator（冷蔵庫）」も間違えました。先生は最後から2番目の「o」に丸をつけてくれました。

もっとも覚えにくい部分に丸をつける。これも暗記力を高めるのに非常に役に立ちます。ボキャブラリーを増やすには、自分にとって「何が難しいか」「何が覚えにくいか」を自覚することが大切です。

POINT① 何を覚えるかより、続けることが大切

暗記力を上げるには、毎日何かを暗記するクセをつけること。「百人一首」「英単語」「好きなアーティストの歌詞」「お気に入りの名言」……なんでもかまいません。毎日覚える。忘れても続ける。朝と寝る前に暗記をすると、とくに効果的。暗記は誰でも苦しい作業です。しかし、頻繁に暗記していると脳が慣れてきてだんだんとラクになってきます。継続は力なりです。

POINT② セットで覚えると、記憶が定着しやすい

実際に体を動かし、五感を使うことで記憶力が増強されます。体を動かすアプローチとしては、人差し指で空中に覚える言葉を書く、自分を「先生」に見立てて生徒に教えるように声を出すなど。五感からもアプローチできます。玄関・トイレ・洗面所に紙を貼り「場所」とともに覚える。電車やバスに乗ってその「状況」といっしょに記憶する。アロマを焚いて「匂い」とともに覚えるなどがあります。

先生になりきって覚える

①「ここが重要!」と人差し指を立てる

②「要点は3つ!」と指を折りながら覚える

③問いかけるときは左へ、答えるときは右へ歩く

「ひとりYouTuber」になりきろう

「教える」という立場に立つと、「間違ってはいけない」「難しくては伝わらない」と緊張します。この緊張が脳を活性化させるのです。

ここでは、YouTuberになったつもりで、視聴者に教えるように以下のお題を語ってみましょう。

ジャンルは、ビジネス、教育、雑学、何でもかまいません。オンラインにする必要もありません。鏡の前でも結構です。

- ●観てきた映画の解説とおすすめポイント
- ●覚えた料理のレシピ。工夫と失敗について
- ●転職したい会社の魅力。今の会社と何が違うか
- ●これからネットで成功するビジネスは何か
- ●今、もっとも効果のあるダイエット法公開
- ●来年の運勢を予言してみる
- ●北欧の魅力について語る
- ●好かれる女性と嫌われる女性の心理分析

実際に話してみると、自分の語彙の少なさに驚くでしょう。

それでも、心配ありません。知らない言葉、あやふやな知識に気づいたら、ネットで調べて覚えればよいのです。「私はこのことを知らなかった」と気づくことが一番の勉強になります。

人に教えようとすると、あやふやな知識も明確になる。そこに気づき、改善することでボキャブラリーは増えます。

ただ本を読んでいれば語彙が増えるものではないのです。

何かを得たら、
3つ以外は捨ててしまう

- 必要なことだけを効率的に要領よく覚えたい
- 昔から暗記が苦手、勉強の効率が悪いとよく言われた
- つい話が長くなったり、支離滅裂になってしまう あなたへ

話が支離滅裂になる人、長くなる人には特徴があります。相手に伝わっているか不安になり、つい話を付け足してしまうのです。人の話を聞くときも同じです。何もかも大事に思うから核心がつかめなくなる。

話すときも聞くときもポイントは3つだけ、これで十分です。

コミュニケーションのマジックナンバー

御三家、三大○○、ビッグスリー……、「3」は不思議な数字です。

3つ知ると全部知ったような気になる、3つあると収まりがいい、3つまでは覚えられる。だから「三本柱」「三権分立」「金銀銅」などと3つをひとまとめにします。

私は小学生の頃、「3の力」を塾の先生に教わりました。「授業が終わったすぐあとに、今習ったことを3つ思い出せ」、たったこれだけのことを実行して成績が爆上がりしました。今でも話す・聞く・学ぶときにマジックナンバー3を多用しています。

大切なプレゼンから普段の会議まで、発言したい内容を3つにしぼる。そして話す直前に3つを短く箇条書きにしておく。会議が終わったあとも重要ポイントを3つ書いておく。次の会議の冒頭で「前回の会議の重要ポイントはこの3つです」と話せば、間違いなく一目置かれるでしょう。

話を聞いたら3つだけ記憶する

人の話を聞くときも、重要なポイントを3つしぼります。

話を聞きながらメモをして、最後に重要だと思う3つに丸をつける。 メモ

をとるときは、「自分が理解できればいい」と割り切りスピードを重視します。メモができないときは、指を折りながら話を聞きましょう。

そして「今のお話の中で大切なポイントが３つあったと思います」と言えば、傾聴力を示すことができます。**日常的に３つ選ぶ意識を持っていると、あらゆることに優先順位がつけられるようにもなります。**

POINT① 「3」がマジックナンバーの理由

1は唯一のものです。「これしかない」と決めつけるイメージになる。2は対立するものです。陰陽、長短、YES or NO など、2つのうちから選択するイメージになります。3は、2＋1で対立から安定に変わる。人の記憶に残りやすくなります。

POINT② 人の話の中から、3つを選ぶコツ

会話中にある重要なポイントはだいたい、「①力点を置いた箇所」「②キャッチフレーズや何度も使われる言葉」「③裏付けとなるデータや事実」にあります。話し手が何を大事にしているかは、②から推測できます。例えば、広告会社の電通は「サスティナビリティ」、博報堂は「クリエイティブ」という言葉をよく使う。化粧品メーカーの花王ならば「清潔」、資生堂ならば「美しさ」。キャッチフレーズから、各々の信念やスタンスを知ることもできるのです。

「私の三大〇〇」を考えてみよう

日頃から、3つにしぼるクセをつけましょう。

以下にあげたお題のように、「三大〇〇」「ビッグスリー」「3つの特長」など、3つにしぼって話してみる。3つ以外を捨てるトレーニングを積むことで、あらゆることの効率が上がります。

- ● 我が社の三大ユニークポイント
- ● ここ3年で変化したことビッグスリー
- ● パートナーの好きな言葉3選
- ● 今日うれしかったこと、3つ
- ● 明日の交渉に成功するための三大キーワード
- ● 映画を観たあとに、つまらなかった理由を3つ
- ● 三大噺(脈絡のない3つの単語でひとつの話をつくる)

「マジックナンバー3」を意識しながら生活しているうちに、取捨選択する力もつきます。

3つ選び、3つ暗記し、3つを柱に語り、書く。

このトレーニングで話が短くまとまり、人の話もよく理解できるようになるでしょう。

ライティングマラソンで頭の中を棚卸する

- そもそも自分は今どんな気持ちかわからない
- 他人から借りてきた言葉でしか話せない
- 自分の語彙力や表現力にずっと自信がない あなたへ

自分の気持ちがわからない。だから会話をするときも、受動的な反応しかできない。**これを解消するには、今頭に浮かんでいる思いの断片を、浮かんできたそのままの言葉で、素直に紙に書き出すことです。**

私が教えている大阪芸術大学では、言葉だけでなく、イラストでも落書きでもかまわないので、今思いついたことをメモ用紙に書くようにと指示しています。学生たちは、「眠くて死にそう」「現実逃避」と書いたり、なぜか「冷奴(ひややっこ)」のイラストを描いたりしてきます。

それでいいのです。素直に今の気持ちを書いて、視覚化する。誰にも見せないので、賢く振る舞う必要もない。そんな感覚で書くと、自分にはたくさん感じていることがあるんだと気づくはずです。

瞑想や坐禅をすると、雑念の多さに驚かされます。ふわふわと色々な思いが浮かんでは消えていく。言葉にもならない言葉が湧いては消えていく。**こうした状況を「雑念が多い」と否定せずに、頭に浮かんだ言葉を書き留めていると、だんだん自分の気持ちを瞬時にキャッチできるようになります。**自分の頭にどんな言葉が浮かんでくるかを楽しむ気持ちでやってください。紙でもスマホでもかまいません。

思い浮かんだ言葉をマグネットにする

なかなか書けないという人は、言葉をひとつ決めて、そこから派生していくキーワードや思いを書き留めてみましょう。自分の脳のスクリーンにどんな言葉が浮かび上がるのか、楽しむように進めます。

例えば、「空」という言葉を最初に思い浮かべます。すぐに「青い」「雲」なんて言葉が浮かぶはずです。私は次に、「上を見てたら首が痛い」「このところ雨続き」に続いて「ワイキキの浜辺」の映像が浮かびました。「空」という言葉をマグネットにして、いろんな妄想が吸い寄せられてきました。もちろん、これは私の感覚であって、みなさんとは違います。**この違うものが浮かんでくるのが面白いところなのです。**そこには「雲」にまつわる、あなたのオリジナルイメージが広がっていくのです。

POINT① よい悪いとジャッジせず、ただ書き留める

雑念を追い出したり、見過ごすのではなく積極的に書き出す。その言葉が公衆で口にするのが憚られるようなものでも書き出す。あなたがそう思ったことは事実なのだから、不正解はありません。雑念を書き出して脳内をすっきりさせましょう。

思考の準備運動として、
仕事前にもおすすめ

慣れてきたら、単語でなく頭に浮かんだことを全部文章として書き出します。これは「ライティングマラソン」といってコピーライターが仕事のウォーミングアップのためによく行う方法です。自宅や会社のデスクよりも、カフェや公園などいつもと違った環境のほうが言葉は浮かびやすくなる。脳を遊ばせリラックスさせると、脳が愉快になったぶん思考が回りやすくなります。

6 「言葉のマグネット」で 頭をやわらかくしよう

「言葉のマグネット」を実践してみましょう。

例えば、「仕事」という言葉から、派生していく言葉や思い浮かんだ思いを書き留めます。

❶仕事　❷執筆　❸猫背　❹中国針　❺ゴッドハンド

❻ドクターX　❼目力　❽大きなマスク　❾口紅　❿シャネル

⓫パリ　⓬スリ　⓭現金　⓮PayPay

⓯スマホ　⓰スティーブ・ジョブズ　⓱Stay Hungry

⓲空腹……

やってみると、私は執筆の疲れから、今かかっている中国針の先生の腕前を思い出し、そこから「ドクターX」の米倉涼子の目力と大きなマスクへ。

口紅を思い出し、シャネルからパリへ。パリで、スリにあった体験から現金をもつ怖さへ思いが及び、PayPayからスマホ、スティーブ・ジョブズへと話が飛びました。

自分でも「仕事」という単語から、こんな言葉が飛び出すとは思いもよりませんでした。

これはあくまで私の場合です。みなさんとはまったく違うでしょう。

ぜひノートを用意してやってみてください。お絵描きも忘れずに！

考える
習慣をつける

※ □ チェック欄として活用してください

「考える」とは、別解をたくさん見つけること

Day 2では、「考える習慣」を身につけます。

その前に「考える」ってどういうことでしょうか。辞書を引けば「思いを巡らす」「物事の筋道を立てる」と出てきます。いまいち、わかりにくいですよね。

私が思う「考える」とは、「多くの視点を持ち、様々な道筋を思い描くこと」です。

さて、どういうことでしょう。例えば、パートナーと外食をすることになりました。あなたは、焼肉を食べたいと思っています。しかし、相手は昨日、会社の仲間と焼肉を食べたので今日は胃にやさしい和食を食べたいと思っています。このとき、あなただけの視点で焼肉を押し通すことは正解でしょうか。

正解に導くには、相手が食べたいものやそれを食べたいと思った状況を知り、「がっつり焼肉を食べたい」あなたの気持ちと、「胃にやさしい和食を食べたい」相手の気持ちとを合わせて、お互いが満足できる結論をつくることが必要ですね。

あなたと相手の視点を合わせて、新しい食事のメニューを探すまでの道筋。これが私のいう「考える」ということです。

この章では、独りよがりにならないために、あらゆる視点を持つ

方法、筋道の立て方を学んで、深く考えることができるようになるまでをゴールとします。

この考える力をつけるためには、人の意見だけでなく、知識や情報もたくさんあったほうがより正しい物語が描いていけるでしょう。ときには、仮説を考えたり、スマホや本から情報を集めて脳を刺激することも必要です。

こうしたことを繰り返すことで、あなたの考える力は増していくのです。

「考える」というと、学生時代の数学の問題を解くようなものだと思ってしまいがちです。

しかし、あれはひとつの答えを導き出す方法です。

社会人に必要な「考える力」は、「あれかもしれない」「これかもしれない」と別解をたくさん探すこと。 その中からもっとも有効な考えを導き出していくことです。

難しいことではありません。ゲーム感覚で楽しんでやってくださいね。

「人の頭」で 考えるクセをつける

- 意見を述べると「考えが狭い」「独りよがりだ」と言われる
- 「他人の気持ちがわからない」と指摘される
- 人を巻き込む話し方がわからない あなたへ

人は自分の考えを肯定するために、都合のいい情報ばかりを集める傾向があります。これを「確証バイアス」と言います。

これを知らずにネット検索を続けていると、自分の考えが世間の常識のように思えてくる。おかげで多くの人が「自分の意見は正しい」という幻想に陥っています。この項目では、広い視点を持ち、多くの人を巻き込む意見をつくるコツを教えます。

徳川家康は「鳴かぬなら鳴くまで待とうホトトギス」と考えた。これに対して、織田信長は「鳴かぬなら殺してしまえホトトギス」と言った。鳴かないホトトギスへの処し方が人によってこんなに違います。

「人によって考え方は違う」、まずはこの認識をしっかり持ちましょう。

そして、「Aさんならどう考えるだろう」「Bさんならどんな攻め方をするかな」と人の頭で考えるクセをつけましょう。

自分の頭だけで考えようとすると、自分の知識、経験値、好みなどに縛られてしまいます。ネット検索しても、先述した「確証バイアス」によって自分に都合のいい情報ばかりを集めてしまいます。

優れたビジネスマンは「相手がこう言ってきたら、こう言い返そう」という口述をただ考えるのではなく、相手自身になって考えている。さらに、相手の先の先にいる人が何を言うかまで考えて仕事をするそうです。

あえて反対意見を検索する

日頃から意識しておきたいのは、自分の意見と反対の意見をネットで検索

することです。「オーガニックの野菜」を推奨するならば、オーガニックの野菜への批判的な意見もしっかり読む。何かを買おうとするときも、その商品に対する批判的なレビューも読む。

日頃のこうした心がけで、視野の広さを保ちましょう。

POINT① 「仕事の人脈図」から考える

アイデアや考えに煮詰まるときは、たいてい視野が狭くなっています。一度自分の考えから離れて、「Aさんならどう考えるか」「Bさんならどう言うか」「Cさんならどういう手順を踏むか」と人の頭を借りて多角的に考えましょう。このとき「仕事の人脈図」をつくり、それぞれの人が今回の仕事に対してどんな意見を持つか、関係者の頭で考えるのも効果的です。

新商品をスーパーで売る方法を考える！

自分の考えを裏付けようとネット検索をすると、「確証バイアス」に陥り都合のいい意見ばかりを拾ってしまいます。例えば、「オーガニックの野菜であれば体にやさしい」とイメージで判断せずに、あえて反対意見、批判などを積極的に読んで、高い視点から判断する力をつけましょう。

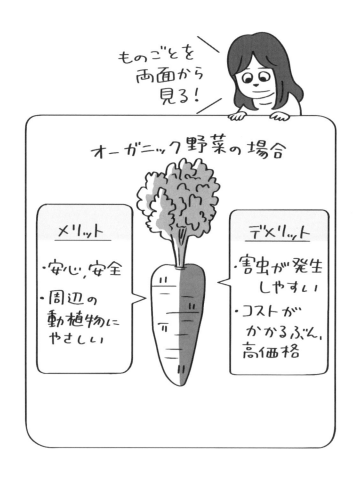

「メンター発想法」で
新しい視点を手に入れよう

憧れのクリエイター、いつも見ている YouTuber など、あなたが尊敬するメンターを5人選び、「この人ならどう発想するか」と考えてみましょう。
例えば……、

スティーブ・ジョブズ（Apple 創業者）ならどう考えるか
「彼は、Think Different(違うことを考えよう)と言った。常識になっていることをすべて疑ってかかってみよう」

ジェフ・ベゾス（Amazon創業者）ならどう考えるか
「彼は、Think Big! と言い、世界征服をするくらいの大きなことを考えたあとに、『まずはここからやろう』と着実に手をつけた。そうだ！ この仕事で世界を征服すると、まず大きく考えてみよう！」

考えるときには、偉人や歴史上の人物に限る必要はありません。
高校時代の先生、幼馴染、パートナーなど、身近な人ならどう発想するかを考えるのも有効な手段です。

また、自分のメンターや信頼できる人は頻繁に入れ替え、新鮮さを保つこと。いつも同じ人だと考え方が固定されてしまいます。
ひと月に一度くらい「今、自分に刺激を与えてくれる人は誰か？」を考えて鮮度を保ちましょう。

何げない行動ひとつにも、理由付けをする

- 「なぜそう思うのか」と聞かれると、頭が真っ白になる
- 自分がやったことをうまく説明できない
- ぼーっと過ごしている時間が長いと感じる あなたへ

私たちは多くの場合、過去の経験によって蓄積された「潜在意識」に沿って行動しています。考えなくても動くことができるので非常に便利です。しかし、人から「なぜ、そういう行動をしたのか?」と問われると、「なんとなくやっていた」以上の答えが浮かばない。

朝習慣で歯磨きをする。「なぜ、歯磨きをするのか」と問われると、「毎日のことだから」くらいにしか答えられません。

しかし、考えを少し深めれば、「夜のうちに溜まった細菌を除去する」「口臭を断つ」「目覚めを自覚する」など「行いの源」が見つかります。

当たり前だと思っている潜在意識から出された命令に対して、「〜なので、〜した」と行動の理由付けをする。 このクセがつけば、人から理由を聞かれたときにスムーズに答えられます。

主語を3人称にすると、理由を考えやすい

自分の行動の理由を考えるコツは、「主語を3人称にして考える」こと。**「私は夕食に唐揚げを食べた」を「上原は夕食に唐揚げを食べた」と3人称にすると、自分と距離ができて客観性が生まれます。**

「なぜ、上原は唐揚げを食べたのか?」と問えば「少し夏バテ気味でエネルギーがほしかった」などの理由が浮かんできます。主語を3人称にすることで、「なんとなく」としか答えない1人称語りの怠慢が是正されるはずです。

さらにトレーニングを進めましょう。**自分の行動を、主語を3人称にして実況中継する。**

「食品会社の広報である上原は、スーパーに自社商品を並べた。棚を安定させるために大きめの商品を下に置き、目線の位置に主力商品を置いた」「上原は、今日が月末で道路が混雑すると判断し、地下鉄を利用した。先方も忙しいはずだと考え、いつもより３０分早く社を出た」と、普段は何も考えずにやっている行動を実況する。これで「なんとなく」「いつものことだから」としか答えられない自分から脱却できます。

POINT①　３人称になったとたん客観視できる

自分の行動を「３人称」で実況中継することで、客観的になれます。小さな声でも、声に出すことが大切です。「出張帰りに、職場の仲間へのお土産を選んでいる自分」を実況中継してみると、行き当たりばったりではなく、明確な目的を持ってお土産をチョイスできるはずです。

POINT② 「行いの源」は復唱しておく

「自分の行動を実況中継する」とは、口に出しながら作業することです。そのときに、「行いの源（行動の理由）」も必ず言葉にして、復唱しておきましょう。こうしておけば「〜なので〜した」と即座に説明できるようになります。サッカーや野球の中継をする気持ちで楽しみながら進めましょう。

「〜なので〜した」と話す練習をしよう

日常の何げない行動を、3人称で「〜なので〜した」と話してみましょう。
仕事がある日の行動を「〜なので〜した」と話すと、以下のようになります。

- 上原は、後輩が休日出勤したので、代休を取るように言った。
- 上原は、先方からのメールの文面にトゲがあったので、会って直接話すことにした。
- 上原は、気分を切り替える必要があったので、机の回りを掃除した。
- 上原は、プロジェクトの予算が大きすぎるので、よりコンパクトなプランも考えることにした。
- 上原は、後輩のメールに「食べれる」と書いてあったので、「食べられる」が正しい書き方だと教えた。
- 上原は、ChatGPTの活用方法が知りたかったので、セミナーに参加した。
- 上原は、ムダなリアル会議が増えてきたので、「会議時間を30分までにしませんか?」と上司に提案した。
- 上原は、寝つきが悪くなってきたので、就寝2時間前にはスマホからはなれた。
- 上原は、人前でメモをとることが増えてきたので、高級なボールペンを買った。
- 上原は、会社のフロアが肌寒いので、白いカーディガンを買った。

上司や得意先から「なぜこれを選択したのか」「なぜそのような行動をしたのか」と尋ねられ、とっさに答えられないことはよくあることです。
その理由は、そもそも考えたことがないから。言葉化しておくトレーニングを積むことで、すぐに答えられるようになります。

「〇〇しばり」で 要点を明確にする

- ●自分で自分が何を話しているのかわからなくなる
- ●話しているうちに、あれもこれも言いたくなる
- ●感情のままにしゃべって、あとで後悔する あなたへ

緊張すると怖さのあまり多弁になる人がいます。自分語りをすると、快楽物質ドーパミンが出てしゃべり過ぎます。必要な情報を相手に伝わる分量で語るのは、非常に難しいことです。

克服するためには、伝える内容をしぼり込んでおくことです。「これだけは必ず伝える」と決めておけば、自ずと「伝えないこと」が見えます。ここでは、物事をしぼり込む練習をしてみましょう。

例えば、恋人への誕生日プレゼントを考えます。漠然と考えているとよいものが浮かびません。そこで「しばり」を加えてみます。

「1万円以内」「毎日使えるもの」「好きな色」に限定して考えるとプレゼントが明確になってきます。これは仕事でも同じです。3つぐらいの制約を加えるとやることが明確になる。考えもなしにあちこち手を広げても、ムラとムダの多い仕事にしかなりません。

💬 主張はひとつ。理由は3つ

伝えたい主張があるならば、主張を支える理由を3つにしぼります。

「3」はコミュニケーションのマジックナンバー。主張を論理的にし、相手に鮮明な記憶を残します。3つの理由がなかなか思いつかないときは、次の視点から考えると、主張が骨太なものになるでしょう。

①トレンド：市場価値があるか。人々が望んでいるものか
②特性：何が長所か。他とどこが違うのか

③お得感：相手にとってどんなメリットがあるのか

「①トレンド」で市場価値があることを伝え、「②特性」で他と何が違うかを語る。そして「③お得感」、大量の情報が流れる中で暮らす人々は、「私にとって何が得か」という答えをすぐに求めたがる。それをいち早く伝えることが信頼につながるのです。

これは公私ともに役に立ちます。はっきりとわかりやすく話す人、という印象を周囲に与えるはずです。

POINT①　3つ制約があると、考えやすくなる

3つくらい制約が加わると、物事は考えやすくなります。これは恋人とのデートプランやプレゼントに何を贈ろうか考えるときにも有効です。3つの丸が重なる部分に答えがあります。

POINT② 理由が3つあると、骨太な主張になる

ひとつの主張に3つの理由を考える。理由は、「①トレンド」「②特性」「③お得感」から考えると、説得力のある意見になります。理由を考えた場合と考えない場合を比較してみると一目瞭然です。

9 「〇〇しばり」で 自己紹介をしてみよう

自己紹介を就活の頃からアップデートしていない人、部署名や職種だけで済ませている人が多く見られます。自己紹介は、「自分」という「商品」を売り出すための大切な説明書。ここでは定型文を一度忘れ、以下の「しばり」を入れて新しい自分を語る練習をしてみましょう。

- ●「数字しばり」で自己紹介をする
- ●「地名しばり」で自己紹介をする
- ●「人名しばり」で自己紹介をする
- ●「名前の漢字しばり」で自己紹介をする
- ●「色しばり」で自己紹介をする
- ●「花の名前しばり」で自己紹介をする

解答例　「名前の漢字しばり」で自己紹介をする

私は、上原響といいます。「響」という名は、どうやらお父さんの好きなウィスキーの名前だったらしいのです。でも「響」には、人とハーモニーをつくっていくという意味もあります。自分の元気な声をこの職場でたくさん響かせていきたいです。よろしくお願いします。

このように、自己紹介に「しばり」を入れると、様々な自分を表現できるようになります。

「○○という考え方」で仮説を立てる

- 独創性がない、平凡なアイデアしか思いつかない
- 考えたことを「ありきたり」「つまらない」と言われる
- 自分のアイデアや考えを発表するのが苦手な あなたへ

世の中には、天から与えられた芸術的な才能を持つ人がいます。

しかし、日常生活やビジネスの中で、それほどの能力を必要とされることは稀です。**私たちに求められる独創性は「もしかすると、こういう考え方ができるかもしれない」と仮説を立てる力**。「仮説」とは「仮の答え」。「仮」ですから、間違っていてもかまいません。

アイスクリームを見て「白くて、冷たくて、甘い」と分析しても「仮説」にはなりません。「アイスクリームとは、すでに国民食かも」などと考えるから仮説になる。たとえ「国民食」が間違っていたとしても、「国民食のように売るにはどんな方法があるか？」という戦略が見えてきます。

💬 話の最後に「○○という考え方」をつける

博報堂のクリエイティブ局に配属された頃の私は、きら星のような才能に恵まれた人に囲まれて、毎日劣等感に苛まれる日々でした。それを尊敬するコピーライターに打ち明けたところ、「コピーよりも前に、話の最後に『○○という考え方』をつけて仮説をつくる努力をしてごらん。それを続けるうちにオリジナリティが出てくる」と言われました。

先輩は、カウンターにあったバーボンを手にとって、「バーボンは、短編小説という考え方」「バーボンは、退学処分という考え方」「バーボンは、プロポーズという考え方」と言います。思いついた言葉に「○○という考え方」をつけているだけだそうです。**こうして組み合わせているうちに、「これは面白い」という仮説が出てくる**。100回やって1回くらいかもしれないけれど、電車の中や本屋、環境を変えてやるといろんな言葉が思い

つきやすくなる。気ラクにやるといい、とアドバイスをくれました。

💬 人から仮説を聞く方法

自分の思いつきだけでは限界があります。人から仮説を引き出すように質問してみましょう。「あなたにとって、〇〇はなんですか」と聞いてみる。「あなたにとって、Instagram ってなんですか」と学生に聞いたところ「人に見せたい自分」「名刺代わり」「カタログ」「酸素」といろんな解答が返ってきました。これらを「インスタは酸素という考え方」と書き換えると、立派な仮説になります。

POINT① ただの情報や感想と「仮説」の違い

独創性の源が「仮説力」。しかし私たち日本人は、長く正解があるものに答える教育を受けてきたので、正しいかどうかもわからない「仮の説」を考えるのが苦手です。つい資料に書いてある情報や自分の感想ばかり述べてしまいます。ここで仮説のつくり方を学びましょう。

POINT② 「いつも同じ」「マンネリ」から抜け出せる

言葉の最後に「〇〇という考え方」をつけて、仮説力を磨く。このとき「こんなの平凡だ」と思わず、数を出します。ネットでピンときた言葉、本屋で見かけた言葉など、直感でつくってしまうのがコツです。友人と夜ごはんに行くときも仮説を立てれば、いつもと違う楽しみ方ができますよ。

理由をこじつけて、
コンセプトを考えよう

実際のビジネスにも「○○という考え方」と仮説を立て、クリエイティブな解決に至った例がいくつもあります。

「時計は、コンピューター」という考え方から AppleWatch は生まれました。「カフェは、家庭でも職場でもない第3のくつろぎ空間（3rd.Place）」という仮説からスターバックスコーヒーができました。「パジャマとは、疲労をとるアイテム」という仮説から、TENTIAL というメーカーは「リカバリーウェア Bakune」を開発しています。

ユニークな仮説が市場の新しい切り口（コンセプト）になるとき、ヒット商品が生まれてくるのです。

ここでは、「○○は○○という考え方」という仮説を、思いつきでいいので書き出してみましょう。例えば、リモート会議の場合、

- リモート会議は、「落書き」という考え方
- リモート会議は、「羊羹」という考え方
- リモート会議は、「観音様」という考え方

ある程度出たら、次に「なぜ、そう言えるのか」を考えましょう。

- 落書きは、心のおもむくままにやるもの。リモートも自由度のある中で仕事ができる。
- 羊羹は、お茶菓子の定番。今の時代、リモートでも羊羹を抱えてお伺いにいくような営業力が必要だ。
- リモート会議は、カメラも音声も切った中での会話が続く。イライラせず相手を観音様と思ってやるべきだ。

などと、こじつけていく。ムリがあるな、と思ったら捨てる。繰り返しているうちに、「これはいけそう！」という仮説が必ず出てきます。

「ひとりブレスト」で 脳みそに嵐を巻き起こす

- そもそも、どうやってアイデアをつくるかを知らない
- 「もっとアイデアを出して」と言われて困っている
- 自分のアイデアに自信がまったくない あなたへ

アイデアは、ポジティブな思考法からしか生まれません。「ブレインストーミング」という複数人で発想する方法を学んだ人も多いでしょうが、秘訣は、人のアイデアも自分のアイデアも否定しないことです。「つまらない」「どこかで見た」「予算に合わない」と批判する暇があったら次のアイデアを考える。荒唐無稽なものも大歓迎。まさにブレインストーミング。脳みそに嵐を巻き起こす気概で、どんなバカバカしいと思うアイデアも紙やスマホに書き出しましょう。

💬 33個ネタをかき集める

アイデアと聞くと、苦手意識を持つ人も多いでしょう。しかし、難しく考える必要はありません。**アイデアとは「思いつき」です。人から笑われるようなもの、稚拙なもの、未完成なものもアイデア**。きれいなアイデアなんてプロでも滅多に出るものではありません。

長く広告会社でアイデアをつくる仕事をしていた私が理想とするのは、33個のネタを出すことです。33個の思いつき、ネット情報、イラスト、ピンときた言葉などをかき集めてみる。30ではなく33と中途半端なのは、切りのいい数字で終えてしまうと脳が安心して、それ以上考えられなくなるからです。

33個と聞いて、「多いなぁ」と思う人もいるでしょう。**でもこの数字は、ひとりで考えるわけでなく、スマホを活用してもかまわない数字**です。他にも、人の言葉、本屋で見かけた言葉なども入れての33個ですから安心してください。

💬 アイデアは、広げて、畳むもの

33個の思いつきを広げたままにしてはいけません。あきらかに必要のないものを削除する。そして、残ったものを今度はくっつけていく。ぎゅっぎゅっとくっつけながら、小さく畳んでいくイメージです。

「これとこれをくっつけたら面白くならないかな」と楽しみながらやってください。アイデアとは「既存の要素の組み合わせ」に他ならないのです。

POINT① ポジティブに、たくさん数を出す

現実性、批判、制約を考え出すと、論理脳ばかりが働いて自由に考えられません。ここでは、「面白そう」と広げてみる。自分で考えるだけでなく、スマホを眺め、人と話し、街中を歩いて要素を33個集める。明らかに不必要なものを除いて、残った要素を組み合わせます。

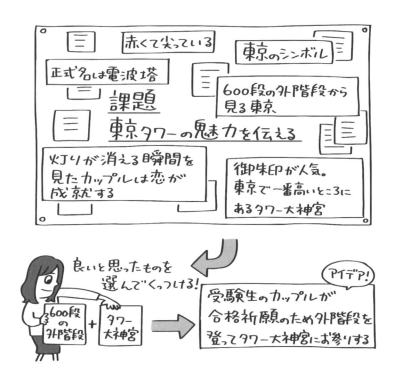

POINT② アイデアとは、既存要素の組み合わせ

「Z世代の観光誘致」が課題だとして、観光地ばかりを探しても新しいアイデアは浮かびません。インスタを開いて、Z世代がどんな場所で何を食べているか、どんな友だちといっしょかを眺める。そうやって集めたネタをもとに、「Z世代」×「推し」と組み合わせてみる。すると「推しの聖地巡礼」「推しが映えるスポット」など浮かんできます。さらに「食べもの」を組み合わせると、「夕日に染まる海を見ながら、推しの担当カラーのオレンジのカクテルを飲めるホテル」なんて、自分では思いつかないユニークなアイデアが見つかるはずです。大切なのはかけ算です。

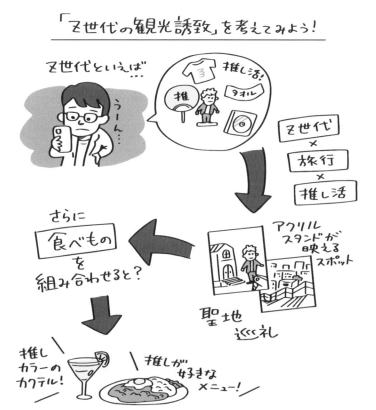

Training 11

33個ネタを集める練習をしよう

「運動不足を解消する」をお題に、33個ネタを考えてみましょう。

自分で考えるだけではなく、人から聞いたこと、ネットで見つけたものなど、様々なところからかき集める。質より量がポイントです。

自分で考えたこと

❶朝起きたらすぐに散歩に出る　❷強制的にジムに通う

❸新しいスポーツウェアとシューズを買う　❹仲間をつくる

❺SNSで日々の運動を発表する　❻体重を朝晩量る

❼エスカレーターに乗らない　❽一駅歩く

人から聞いたこと

❾ネット上で繋がった朝の散歩サークルに参加

❿運動と考えず家事労働をしっかりこなす　⓫全身を映す鏡を買う

⓬プロの指導を受ける　⓭まずはお風呂のあとのストレッチ

⓮ゴルフをはじめたら?

⓯子どもの頃にやったことのあるスポーツをまたはじめる

⓰立って仕事をする

⓱スポーツをやらなくちゃという強迫観念が体に悪い

⓲自転車を買う　⓳バランスボールをデスクの椅子に

⓴まずは食事制限　㉑タンパク質を増やす

㉒ちょっと少ないと思うくらいの運動量からはじめる

㉓体型のわかる服装にして「なんとかしよう」と気持ちを奮い立たせる

ネットで見つけたもの

㉔室内用トランポリン　㉕YouTubeでエクササイズ

㉖マンションの階段昇降　㉗ラジオ体操だけでも必ずやる

㉘スマートウォッチを購入する　㉙姿勢をよくして、早歩き

㉚口を動かす口腔体操で噛む力をつける

㉛普段より10分多く歩くを心がける

㉜電車で座らない　㉝毎日床掃除をする

Method 12 文頭を ポジティブワードではじめる

> ●何を聞いても見ても、ネガティブな面を探してしまう
> ●あまのじゃくな性格で、コミュニケーションがうまくいかない
> ●ポジティブなことを言う人を信じられない あなたへ

広告会社に依頼されるのは、「売れていない商品」「知られていない商品」「人気が落ち目な商品」です。売れている商品は広告を必要としません。課題を抱えた商品やサービスについて、広告マンは徹底的に「長所」や他商品と差別化できるポイントを探します。どうすれば、物事をポジティブに見ることができるようになるのでしょう。

💬 文頭がポジティブだと後戻りできない

日本人は総じて長所を語ることが苦手です。謙遜の意識が強い。長所を語ることが「自慢話にならないか」と心配します。ネットに書き込めば「なによ、偉そうに」と叩かれる。また「みんなと違うことを言って注目を浴びたい」という思いからあまのじゃくな発言になる人も多いようです。

こうしたネガティブな視点から抜け出すために、広告会社で学んだテクニックがあります。それは、「すごいぞ！ ○○」「輝く！ ○○」「グレート○○」とわざと大袈裟なポジティブワードをつけて、その商品やサービスを紹介すること。**冒頭を強制的にポジティブワードではじめれば、ネガティブな発言に戻れなくなります。**

「すごいぞ！ 出井部長！」からはじめれば、出井部長のすごい面を語らざるを得なくなる。「グレート・アイスクリームを紹介します」と言えば、そのアイスクリームのグレートな部分を紹介するしかなくなります。

Day 2は「考える習慣をつける」を目標にしています。その考える中身は、不満や非難ではなく、よい面、新しい面、他との違いなどポジティブなほ

うが生産的です。この習慣を身につけるには、会話でポジティブな投げかけを増やすこと。「いいね」「すごいね！」「すばらしいなぁ」と人に対してポジティブな言葉を投げかけると、会話全体が前向きなものになる。こうした環境に身を置くことで、考え方が変わってくるのです。

POINT① 「私」を主語にして、話し出す

10年近く大学で教鞭をとる中で、ここ3年ほど「話すのが苦手なのですが」「あがり症でうまくまとめられないんですが」などと前置きしてから発言する学生が増えています。ビジネスでこれをすると、「言い訳」「開き直り」と捉えられることも。改善するには、強制的に「私」を主語にして話し出すことです。「私」を主語にするとポジティブな印象になる。すると、長所や利点が続いて出てくるようになります。

POINT② ログセは「いいね」「すごいね」「すばらしい」

ネガティブ思考を直すのは簡単なことではありません。しかし、普段使っているあいづちを前向きにするだけで、集まる情報もポジティブなものになります。「あ行」からはじまる「ありがとう」「いいね」「うまいね」「えらい！」「おかげさま」。「す」からはじまる「すごいね」「すてき」「すばらしい」「好き」「するどい！」を意識する。場の空気を明るくして、前向きな発言を増やす。ネガティブな空気を一掃しましょう。

「ポジティブ紹介文」を考えてみよう

冒頭にポジティブな言葉をつけて、以下の紹介文を考えましょう。

これは「思考法」なので、本番のプレゼン、会議のときには必ずしもポジティブな言葉ではじめる必要はありません。

しかし、こんな大袈裟な言葉をつけて考えることで、思考は前向きになっていくものです。

- ●「輝ける我が社！」を紹介します。
- ●「キング・オブ・アプリ」と言われるこのアプリを紹介します。
- ●「神サービス！」と誉れ高いサービスを紹介します。
- ●「輝く！ 自分」を紹介します。
- ●「ヨーグルト界のレジェンド」と呼ばれるこの商品を紹介します。
- ●「ネットでヤバすぎると言われている商品」です。
- ●「ベスト3」を順番に紹介します。
- ●「断然おすすめ」を紹介します。
- ●「これひとつですべてOK」です。
- ●「やればやるほど、どんどんよくなる商品」です。

Day
3

論理的に発想する
力をつける

※□チェック欄として活用してください

「論理的」とは、
ひとつひとつ積み上げること

論理的な人とは、どんな人でしょう。

感情に流されることなく、物事を体系的（ひとつのまとまり）に整理したり、法則に沿って考える力のある人。主張したいことの根拠を明らかにしながら、順序立てて話すことができる人。そんなイメージではないでしょうか。

そうなんです。「論理的」とは、誰もが納得できる考えをひとつひとつ積み上げていくことなのです。論理的であれば、多くの人に「話がわかりやすい」「納得できる」「疑問が解消された」と言われます。反対に論理的でない状態は、理屈が合わず、矛盾し、唐突で、順序がめちゃくちゃ。感情や好き嫌いに流されることも多いので、人から理解は得られません。

Day 3 では、あなたの話を多くの人に「わかりやすい！」と言ってもらえることをゴールにします。 そのための考え方や法則を学んでいき、「非論理的」「直感的」「感情的」に話してしまう状態から抜け出しましょう。

私は大学で、法律を専攻しました。刑法の講義の際、

「殺人事件があったとき、感情的に『人を殺したのだから死刑だ、無期懲役だ！』と叫ぶのは法律的な態度ではありません。まず、

被疑者の家に無断で入ったのなら、不法侵入、窓を割ったのなら
器物破損と小さな罪から順序立てて考えていく。こうした罪刑を
論理的に組み立てていくことが大切なのです」

と言われました。すぐに感情的に、直感で判断してしまう私が、
初めて「論理的に考える」ことを知った瞬間でした。

論理的に考えることができれば、声を荒げて感情的に話したり、
相手を嫌ったり恨んだりすることが減ります。道理で考えること
で、正確な判断を冷静に下せるようになります。

そのための方法は、古典的な哲学の考え方や、トップ企業が実践
している思考法、時間軸を逆転して推論したり、すべてに人間的
な性格を帯びさせて考える方法など多彩です。
すぐムカっとしたり、カチンときて怒鳴ったり、ムスッとしてし
まう人にぜひ学んでもらいたい内容です。

真意を知るために
「なぜ」を5回投げかける

- ●人から「考えが浅い」と思われるのではないかと不安
- ●知らないことが多く、説得力のある発言ができない
- ●感情的になるばかり。深く考える方法を知りたい あなたへ

仕事における不安や心配の原因は、「私は人よりも、ものを知らずに発言しているのではないか」「何もわからずに仕事をしているのではないか」という「無知への恐怖」にあります。

ITやAIの進化が激しく、価値観が変化し、様々な商品・サービスが生まれる時代です。「無知への恐怖」があるのも当然な話です。

この恐怖から解放されるには、時代に遅れまいとして広範囲に勉強することではありません。**ひとつのことを深く掘り下げる力が、恐怖を取り除いてくれるのです。**

💬 5つのWHYで核心に迫る

考えを深く掘り下げるには、「トヨタ生産方式」の生みの親である元副社長の大野耐一氏が考案した「5つのWHY」が極めて有効です。

ひとつの物事について「なぜ?」と問う。それに対して「〜だから」と答える。その答えに対して、再び「なぜ?」と問いかけて答えを出す。これを5回繰り返すのです。

やってみると、はたしてこれが答えになっているのか不安になります。しかし今の時代、答えがすぐに見つかる課題はほとんどありません。**自分なりに「なぜ?」「〜だから」と5回繰り返せば十分です。**

脳は深く考えようとすると「もうムリ!」「もうダメ!」「わからない!」とすぐ悲鳴をあげます。仕方ありません。私たちは日頃、感じることに頼りすぎていて、考えていないからです。

「このラーメン、おいしい」と思うだけで「なぜ、このラーメンはおいしいんだろう」と考えることをしない。さらに「スープにコクがあるから」という答えに対して、「なぜスープにコクがあるとおいしいんだろう」とさらに深めて考える人はほとんどいません。

しかし、考えることは「なぜだ？」「本当にそうか？」「これでいいのか？」と疑問を持ち、その答えを自分なりに出していくことに他なりません。

POINT① 「根本原因」を探るのに効果的

「若者が少ないから、今の会社は自分に合わない」と思っていたとして、5つの WHY を重ねます。すると、会社が合わない理由は「若者の数の問題」ではなく「自己実現の可能性が低いこと」だとわかります。このように根本原因がわかれば、対策を講じることもできるでしょう。

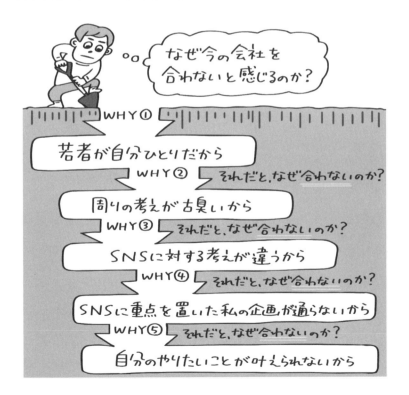

POINT② 安易に「わかった」と言わない

私たちは、日頃よく理解していないのに「わかった」と言いがちです。しかし、深く考えるためには安易に「わかった」と言ってはいけません。哲学者ソクラテスは「無知の知」と言いました。自分は知らないことを自覚しているという意味です。「考える」とは、知らない私がどこまで知っていて、どこからわからないかを明確にすること。安易に「わかった」と言ってしまうと「わかった」「わからない」の境界線が曖昧になってしまうのです。

日常の悩みに対して 「なぜ」と問いかけよう

「ダイエットが続かない」という悩みをもとにして、5つの WHY を実際にやってみましょう。

WHY1 「なぜ、ダイエットが続かないのか」
→ストレスが溜まることが多いから
WHY2 「なぜ、ストレスが溜まることが多いとダイエットが続かないのか」
→食べることでストレスを解消しようとするから
WHY3 「なぜ、食べることでストレスを解消しようとするとダイエットが続かないのか」
→運動する時間もなく、摂取量だけが増えるから
WHY4 「なぜ、運動する時間もなく摂取量だけが増えるとダイエットが続かないのか」
→動くのがますますいやになって、自暴自棄になるから
WHY5 「なぜ、動くのがますますいやになって自暴自棄になると、ダイエットが続かないのか」
→自分のダメな部分ばかりに目がいき、落ち込むから

悩みの根本
ダイエットが続かない理由は、自分のダメな部分ばかりに目がいき、落ち込むから。それを解消するには、食事量を減らす以前に、小さな達成感を積んで自分に自信を持つことが大切なのかもしれない。

このように、WHY のほうはバラバラと質問を変えずに、前の答えをそのまま受けて「なぜそうなのか」「なぜそう言えるのか」と深めていく。すると、悩みの根本が見えてきます。
5つのWHYは、解決策を導くためではなく、根本原因を考えるための方法です。ぜひ、トライしてください。

哲学者の「弁証法」で
ピンチをチャンスに変える

- 否定的な意見を言われると、人格まで否定された気になる
- 反論を言われると、感情的になって言葉が出てこない
- 反対意見が出るのが怖くて、発言できない あなたへ

長く「和」を重んじてきた日本人は、交渉や会議で争うのが苦手です。空気を読まない発言は疎んじられる。反対意見に凹んでしまうのは仕方のないことでしょう。

比べて欧米では、反論が出ても平気で言い返している。むしろそれで議論がもりあがっている。あの反論への強さを身につけたいものです。

欧米人が議論に強いのは、「対話」の技を哲学で磨いてきた歴史があるからでしょう。**19世紀初頭の哲学者ヘーゲルの「弁証法」は、議論の仕方として小学生にまで浸透しています。**

私は小学4年生のフランス人が1枚の紙をつかって、ヘーゲルが唱えた議論の方法をいとも簡単にやっているのを目の当たりにしました。これを日本の議論にも活かせないかと考えました。

ヘーゲルノートで、反論で凹む自分から脱却

「弁証法」は簡単です。「意見」と「反対意見」のどちらが正しいのかを争うのではなく、**その2つの意見を聞いて、意見を述べた人も反論を述べた人も新しい意見を出していくというもの。**

フランスの小学生は、ノートの左ページの真ん中に横線を引き、上を「意見」、下を「反対意見」とし、真っ白な右ページに「新しい意見」や「次のアイデア」を書くようにしていました。

こうすると反対意見はあなたの人格を否定するものではなく、「新しい意見」を引き出すための一要素でしかなくなります。ヘーゲルを学んだ人間からすれば、反対意見は次のステップを考えるありがたい要素になる。反

対意見を言われても、あまり凹まないですみます。

しかし、実際の議論の場では、相手は「弁証法」など知りません。あなたを感情的に攻撃しているだけかもしれない。

そんなときこそ、ヘーゲルの出番です。そういう人に対して「じゃ、どうすればいいですか？」と新しい意見を言うように促してみましょう。批判をするだけの人は、黙るしかなくなります。

POINT① 「反対意見」のおかげでステップアップできる

「弁証法」は「正（意見）」「反（反対意見）」「合（新しい意見）」からできています。三角形の左下に「意見」、右下に「反対意見」があるとします。この２つから「高い次元の意見（新しい意見）」を求める。その営みを「揚棄」と言います。「正」と「反」を捨てて、上にあがるという意味です。

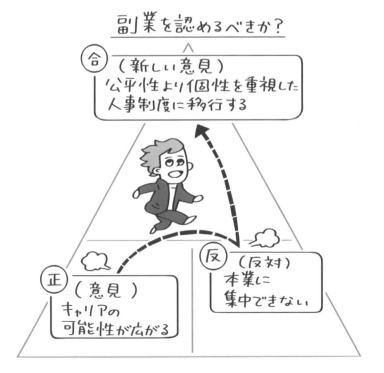

POINT② 「ヘーゲルノート」で議論する

議論の場では「ヘーゲルノート」を用意しましょう。以下は小学5年生が「バスで席を譲ろうとしたら、『老人扱いするのか！』と怒られた」事件をもとに、ヘーゲルノートで議論した例です。やり方は簡単。ビジネスの会議にもぜひ活用してください。

Training

14 「弁証法」で職場の対立を 解決しよう

意見が割れそう、対立しそうな議題が職場には溢れています。以下のような議題は、弁証法を活用する絶好のチャンス。
それぞれの「賛成意見」「反対意見」そして「高い次元の意見」を考えるとどうなるでしょう。

● 仕事のスタイルを在宅中心にすることに賛成か、反対か
● 仕事に雑談は必要か、必要ないか
● 出張帰りに、部内のお土産を買うか、買わないか
● 社員があだ名で呼び合うのを認めるか、禁止すべきか
● ChatGPTを使用した報告書を認めるか、認めないか
● 得意先とのプライベートなLINE交換を認めるか、認めないか
● 全社フリーアドレス制に賛成か、反対か
● 複数の兼務をさせるべきか、させないべきか

解答例　仕事スタイルを在宅中心にすることに賛成か、反対か
賛成意見　社員の価値観や生活スタイルに合わせられる。
反対意見　直接会うことによって、言外の情報を得られる。
高い次元の意見　在宅と出勤に向いている業務を洗い出す。

実際に、見開きの大学ノートに書いてみてください。
左ページの真ん中に横線を入れ、上半分に「賛成意見」、下半分に「反対意見」を書いていきます。その議論から出てくる「高い次元の意見」を右ページに書きましょう。

15 伝えるひとりを決めて、
すみずみまでイメージする

- 人の心に響くような文章が書けない
- 企画を立てても、「人が動く気がしない」と言われる
- 誰かに責められるのが嫌で、一般論しか書けない あなたへ

インターネット広告のターゲットセグメントは凄まじいものがあります。「睡眠」について検索したら、「枕」や「サプリメント」の広告がすぐに入ってきます。比べて私たちがつくる企画書や文章は、ターゲットが曖昧なことが多い。「20代女性」程度にしか考えていないのが正直なところではないでしょうか。

とはいえ、AIのビッグデータはあくまで客観的なもの。**それを読み込み、相手の心を震わせ、思わず動きたくなる企画をつくるのは、あなたの意見や感情が込められた「主観」に他なりません。**

書くものは、すべてラブレターを目指す

自分の意見と感情を語り、相手（ターゲット）の心を促して行動を起こさせる。その好例は「ラブレター」です。自分の情報だけでなく、好奇心をもって相手の状況・好きなこと・悩んでいることなど色々考えて書く。だから心に響くものが書けます。ビジネスでも原理は同じです。

①名前／性別／年齢 ②家族構成 ③職業 ④居住地 ⑤年収 ⑥趣味・関心事 ⑦抱えている悩み／不安／不満 ⑧夢／目標 ⑨憧れているライフスタイル ⑩何をもらったり、されたら喜ぶか ⑪特徴的な性格

こうして想定したひとりを「ペルソナ」と言います。ペルソナに向けて、ラブレターを書くように企画や文章を考えると、一般論でしか書けなかったものが、熱く心に響くものへと変わります。

POINT① たったひとりに向けているから、心に刺さる

「30代女性」がターゲットの新作コンビニスイーツを考えます。ここで、ひとりの女性をありありと想像しましょう。『大手町の商社に勤める野口清花さん（32歳女性）。海外とのやりとりが多いため残業が多く、緊張が続く毎日。着々とキャリアを積み将来は海外勤務を希望。独身でお金に余裕はあるが、このままの生活でいいのか不安もある。体型を維持する目的で、休日はピラティスに通う』。そんな彼女にラブレターを書くとすると、残業帰りの姿を想像して「今日も自分に小さなご褒美を」というコンセプトで、「夜中に食べても罪悪感のない小分けのデザート」などに結びつけることができそうです。

30代女性がターゲットの
新作コンビニスイーツを考える

商社勤務

Hi

アメリカで働いてみたい

ありありとイメージつかんだ！

独身
休日はピラティス

小さなごほうび！

夜中に食べても罪悪感のない
小分けのデザート

POINT② データは「主観」を検証するためにある

ペルソナをつくるとき、あなたの意見や感情など「主観」をどんどん入れましょう。膨大な情報を搭載したAIは、あなたの検索や質問に対し、的確な答えを出します。しかしそれは、客観的なデータにすぎません。データは、あなたの「主観」でつくり上げたイメージを検証するために使いましょう。

電車で乗り合わせた人の背景を想像しよう

自分とは違う世代・境遇・価値観を持つ人の考えや行動を知ることで、ターゲットマーケティングの精度は上がります。例えば、「電車で向かいに座った人」や「カフェで隣に座った人」を見て、その人の背景を考えてみましょう。
以下のように細かくイメージしていきます。

❶名前/性別/年齢　高橋なつき　女性　27歳

❷家族構成　ひとり暮らし　人を自宅へ呼ぶには狭すぎる

❸職業　スポーツジム職員　本当はインストラクターになりたい

❹居住地　練馬区大泉学園　実家の近く、よく帰る

❺年収　370万　実家の助けがないと苦しい

❻趣味・関心事　ロードバイクに乗ること、新しいバイクがほしい

❼悩み　残業制限が厳しくなり、貯金ができない

❽夢/目標　ピラティスインストラクター　理論から学びたい

❾憧れているライフスタイル

　沖縄で自分のピラティス教室。毎日海を眺める生活がしたい

❿何をもらったり、されたら喜ぶか

　新しいロードバイク。いっしょにツーリング

⓫特徴的な性格

　体を動かすのが好きな反面、長時間スマホや動画を眺めてしまう
　怠け出すととめどない

このとき「スポーツジム職員」だけでなく、「本当はインストラクターになりたい」と、下線のようなあなたの想像するターゲットの気持ちや本音を入れます。それが「主観」というものです。
もちろん正解は、ありません。これまで気にとめていなかった他人の生活や価値観を考えれば、あなたの文章はより相手の心を動かすものに変わるはずです。

擬人化することで、相手との共通イメージを持つ

- ●「なんだかイメージできないな」とよく言われる
- ●人の記憶に残るような話し方ができない
- ●面白く、ユニークに物事を伝えるのが苦手な あなたへ

就活で「あなたは何に例えられますか？」と問われることがあります。「私は電子レンジです。どんなものでも熱くして、人が喜ぶおいしい形にすることができます」なんて答える。これによって面接官は、あなたの性格・強み・論理的能力・ユーモアセンスなどを見ていきます。

何かに例えると、わかりやすく、覚えやすい。イメージ豊かに伝えることができます。話のうまい人はたいてい「例え上手」です。

ものを擬人化してみる

注意すべきは、ものを「もの」に例えると、逆にわかりづらくなる点です。「このボールペンは気球です。空を舞うように気持ちよく書けます」と例えてもわかりにくい。ものをわかりやすく例えるならば、「人」に例える。擬人化してみるといいでしょう。例えば、アメリカをドラえもんの「ジャイアン」に例えてみると、日本は「のび太くん」のようなイメージになる。両国の関係があっという間にイメージできます。

今治タオルのようなご当地ものならば、ミュージシャンの「藤井風」に例えてみる。「ローカル性にこだわりながらも、グローバルで活躍できる実力をもっている」。今治タオルの思いがよく伝わります。

つまり、同じものに例えるのではなくて、ものは「人」に、人は「もの」に例えると、わかりやすくなります。

擬人化上手になるコツ

擬人化をするには、様々な人のキャラクターをワンフレーズにまとめるク

セをつけておくと便利です。

『鬼滅の刃』の主人公・竈門炭治郎は、「敵にすら慈悲の心をもつやさしさ」。

『スラムダンク』の桜木花道なら、「カツ丼大盛、コロッケ、サンマ、焼そば、ホイコーローなどを一度に食べた大食漢」と短くまとめておくと「この掃除機、桜木花道並みにゴミを吸い取ります」などと使えるようになります。

POINT① キャッチフレーズとして、強く訴えられる

詳細を長々と説明するよりも、誰もが思い描くイメージに例えたほうが、伝わりやすい。ものは「人」に、人は「もの」に例えることで、イメージが浮かびやすくなります。その例えを用いて、短いワンフレーズで相手に訴えることもできます。

ものは「人」に例える

この刀は織田信長のようだ。良く切れる

腹を切れ！

人は「もの」に例える

彼はダンプカーのようだ。いきおいはあるがゆうずうがきかない

そこをなんとか！

プォー

POINT② 伝える相手に配慮した言葉選びを

擬人化するときは、誰もがイメージできる人を使うのがポイント。相手の世代や置かれた環境にも注意しましょう。年代が上の人に話すときには、歴史上の人物や有名な本に出てくる主人公のような擬人化が安心です。

16 身近な「人」や「もの」を 何かに例えよう

周りを見渡してパッと目に入ったものを、例える訓練をしてみましょう。人は「もの」に、ものは「人」に例えるのが原則です。

練習問題①　人を「もの」に例える

- 上司　　　　　　　　　（例）何年も動かない柱時計
- パートナー　　　　　　（例）マイナスイオンがいっぱいの森
- 部下　　　　　　　　　（例）よく吠える小型犬
- 母親　　　　　　　　　（例）お日様を浴びた布団
- 友だち　　　　　　　　（例）鏡に映った自分
- きらいな人　　　　　　（例）上から目線のヘビ

練習問題②　ものを「人」に例える

- マッサージ機　　　　　（例）「お疲れ様」と言ってくれる友人
- 紙の手帳　　　　　　　（例）いつもそばにいてくれる厳格な執事
- 男性用化粧水　　　　　（例）朝、花に水をやる浴衣姿の若者
- ChatGPT　　　　　　　（例）言葉に特化したドラえもん
- 焼肉　　　　　　　　　（例）「元気出せ」と肩を叩いてくれる先輩
- ゲーム　　　　　　　　（例）1日中ユーカリを食べているコアラ
- 旅行　　　　　　　　　（例）にっこり笑ってご褒美をくれる神様
- スマホ　　　　　　　　（例）もうひとりの自分

ゴールから考えて、今やるべきことを見つける

- ●「結論がよくわからない」と言われる
- ●頭から順番に考えるので、仕事が遅い
- ●「ワクワクしない」「面白みがない」と言われる あなたへ

物事には大きく2つの考え方があります。

ひとつは、現在や過去のデータから未来を予測して考える「フォーキャスティング」。もうひとつは、未来の目標や状況を想定し、そこから逆算して考える「バックキャスティング」。

例えば、会社の売上目標を決めるとします。「フォーキャスティング」では、"過去のデータ"から今年できることを考えます。

これに対して「バックキャスティング」は"望ましい未来"に目を向けます。「2030年までに今の売上を倍増する」とゴールを決めてから、そのために今できることを考えていく。SDGsが、2030年を期限として17項目の目標を達成しようとしているのが、まさにこれです。

ゴールを決めれば、足りないものが見えてくる

この「バックキャスティング」は古くから日本にある考え方です。

神道の「予祝」。春のお花見は、秋の収穫を先に見越してお祝いしたものだと言われています。未来の成功をありありと思い浮かべたあとに、今日何をすべきかを考えていきます。

GAFAMの一角Amazonも、理想とするお客様の体験をまず想像し、そこから商品が大成功したときのプレスリリースを先に書いてから仕事を進めるそうです。(『アマゾンの最強の働き方』コリン・ブライアー、ビル・カー著　ダイヤモンド社)

先にゴールを決めて、大成功した姿をありありと想像する。それを起点にして、この理想に近づくにはどうすればいいかと考える。

これは普段のビジネスでも応用できます。プレゼンの冒頭で聴講者に向けて「成功したゴール」を先に共有する。こうすれば、イメージのブレが減る。成功した姿ですからワクワクし、前向きなプレゼンになるでしょう。プレゼンを準備するときにも、プレゼンが成功した場面から逆算すれば、準備として足りない要素が見えてきます。

POINT① 「フォーキャスト」と「バックキャスト」の違い

「フォーキャスト」は現在を起点に未来を考え、「バックキャスト」は未来を先に設定して現在を考える思考法。「フォーキャスト」は、高度経済成長期のようにやるべきことが単純明確な時代には有効でした。しかし、1年先も見えない現代では、「私はこうなっていたい」というゴールを決めてそこに行き着く道を考えたほうが、高い理想に到達できます。

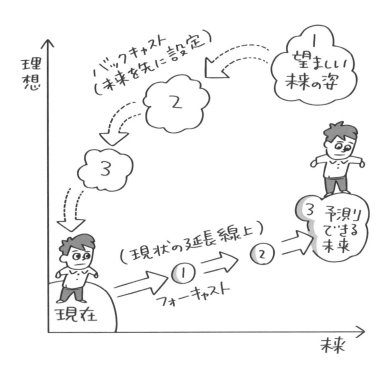

POINT② ゴールは非現実なものでかまわない

この本が「世界中で読まれる大ヒットになった」とゴール設定します。あらゆる国のたくさんの人が読んでいる姿をありありと想像する。そこから気づくことがあります。「いろんな価値観をもった幅広い世代の人が読める内容にしよう」「翻訳しやすい文体にしよう」「ローカルな話題には気をつけよう」、これが「バックキャスト思考」です。非現実なゴールでもかまいません。そこから今やるべきことを見つけることが大切なのです。

自分の成功をイメージして
バックキャストしよう

10年後のゴールを決めれば、5年後にどこまで到達してなければいけないか見えてきます。5年後が見えれば、3年後の通過点が見える。3年後が見えれば、1年後が見える。1年後が見えれば、半年後にどこまで達していなければいけないかわかる。すると、明日何をすべきかがわかります。

①10年後 あなたはどんな成功をしているか。嬉しい気持ち、喜んでいる人々の顔などありありと思い浮かべる。
(例)本業の他、副業の充実。ライフワークバランスが整っている。家族もできて公私ともに充実した日々を送っている。

②5年後 ゴールに近づくために、折り返し地点までに何を到達していればよいか。
(例)自分が本当にやりたかったことを副業にしている。そのためのスキルが身についている。

③3年後 ゴールの3分の1に差しかかろうとするとき、どこまで達成していればよいか。
(例)自分が本当にやりたいことは、何なのかを見つけている。それを確実なものにするために勉強を続けている。

④1年後 3年後を迎えるまでに、1年後はどんな通過点になっていればよいか。
(例)忙しい中で、少しでも時間をつくり、自分が本当にやりたいことは何かを見つけるために講習会に出たり、勉強をはじめている。

⑤半年後 1年先を見て、とりあえずどこまで進んでいればよいか。
(例)現業に時間を取られ過ぎている。仕事の効率化をはかる。

⑥明日 10年後のために、明日何をしているか。
(例)今やるべきことを、早く、着実に終わらせる。

Method 18 「売り言葉」と「買い言葉」を使い分ける

- きめ言葉がないので、企画書にしまりがない
- コピーやスローガンをつくるセンスがないと思っている
- 人を動かしたり、心を動かす言葉がうまく書けない あなたへ

私たちは情報過多の時代を生きています。多くの人がこれに疲弊し、長い文章、まどろっこしい会話にうんざりしている。読んでもらうためには、人の心をぐっとつかむキャッチフレーズやスローガンが必要です。

しかし、多くの人はプロのコピーライターではないでしょう。ここでは、企画やプレゼンで使える「きめ言葉」のつくり方を教えます。

難しく考える必要はありません。企画書のタイトルやリード文、あるいは相手を行動に促す最後の「きめ言葉」には、この2つをマスターしてください。それは「売り言葉」と「買い言葉」。

名コピーライター岡本欣也さんは、「**売り言葉とは、売り手の目線で書かれた言葉。買い言葉とは、買い手の目線で書かれた言葉**」(『「売り言葉」と「買い言葉」心を動かすコピーの発想』NHK出版新書)と言いました。まずは、この2つの違いを見ていきましょう。

基本は「売り言葉」と「買い言葉」

「**売り言葉**」は、「〜しよう」と人を誘う言葉です。英語なら「Let's」ではじまる文。売り手側が「〜買いましょう」「〜へ行こう」と誘う言葉。「お正月を写そう」(フジフィルム)はこの好例です。「今すぐ登録しましょう」「第一志望を目指そう」「秋までに予算を達成しよう」と言えば、言いたいことが誰にでもわかります。

一方「**買い言葉**」は、買った結果どんな感想をもったのか。買い手の視点から語った言葉です。ビールの広告でよく「うまい！」というのがあります。あれが典型です。消費者実感を描いて、これから買う人に「疑似体

験」をさせるのが目的です。「お客さまから、『ぐっすり眠れた』と言われたい」「『ラストシーンは涙が止まらなかった』という映画にします」と、買い手の感情や実感を入れていきます。

気の利いたキャッチフレーズを考えることも大切ですが、まずは普段の企画書やプレゼンの中に、「〜しよう」「〜と感じた」というきめ言葉を使うことを心がけましょう。

POINT① 売り言葉で誘って、買い言葉で実感を語る

「売り言葉」は、商品やサービスを提供する側の言葉。「買い言葉」は、それを享受する側の言葉。八百屋さんが「冬はやっぱりみかんを食べよう」（売り言葉）と誘う。お客さんは、「この前買ったらすごくおいしかった！」（買い言葉）と言う。同じみかんでも言う人の立場で言葉も変わります。

主に大勢の人に呼びかけるときは「売り言葉」で、少人数のときや今目の前にいる人に呼びかけるときは「買い言葉」を使うと効果があります。幅広く呼びかけるときは「売り言葉」、個人に深く知らしめるときは「買い言葉」が大まかな原則です。

コピーライターになりきって、宣伝文をつくろう

次のお題を宣伝したり、勧誘したりしてみましょう。

相手を誘う「売り言葉」と、買い手の実感を書く「買い言葉」をそれぞれ書き出してください。

練習問題①　大学進学予備校
売り言葉　　(例)第一志望に入ろう。
買い言葉　　(例)なぜ私が第一志望に?

練習問題②　スキンケア商品
売り言葉　　(例)5歳若い肌になろう。
買い言葉　　(例)「若いね」って言われました。

練習問題③　保険商品
売り言葉　　(例)一生の安心を手にいれよう。
買い言葉　　(例)ほっとしたら、元気が出てきました。

練習問題④　青空市のバザー
売り言葉　　(例)他では手に入らない掘り出しものをあなたの手に。
買い言葉　　(例)これ、前からほしかったの!

練習問題⑤　バスケットボール部
売り言葉　　(例)いっしょに全国大会をめざそう!
買い言葉　　(例)バスケやると背がのびるみたい。

練習問題⑥　ラーメン屋さん
売り言葉　　(例)本場九州のとんこつを、ぜひ!
買い言葉　　(例)思ったよりサッパリしてる!

Day
4

真に伝わる
表現力を磨く

※ ☐ チェック欄として活用してください

「表現力」とは、相手を魅了し心揺さぶるもの

「表現力」とは、自分の気持ちや考えを相手にわかりやすく伝える力です。

「論理力」が、感情を排し、正しい論を選び、順番を考え、法則に沿って並べたのに対し、「表現力」は、状況に合わせたり、相手に寄り添ったりしながら、もっとも効果的な言葉、表情、ジェスチャーなどを交えて伝えていく力です。

「論理力」と「表現力」は、クルマの両輪のようなもの。

「論理力」だけだと「冷たいカタブツ」な印象を与え、表現力だけでは「パフォーマンスばかりの人間」に思われてしまいます。
Day 4 では「表現力」を集中的に学んでいきます。**ゴールは、相手の魂を揺さぶり、心を動かすことで、圧倒的な共感を得る方法を身につけることです。**

しかし、「表現力」は簡潔に身につくものではありません。

例えば、相手の気持ちを傷つけないようにするには、遠回しの言い方や相手の心証を害さないための語彙力が必要になります。長い話でイライラさせないように、相手がすぐに理解できるように短く話すコツも必要です。「それは、あなたの勝手な意見でしょ」と思われないように、相手を巻き込んで、自分ごとにさせてしま

う語り口調も大切になります。

何よりも、相手の前でパフォーマンスをするためのメンタルの強さや最後まで話を聞いてもらう工夫なども身につけなければなりません。

しかし、心配はいりません。わずかなコツを知るだけで、相手の共感を呼ぶ表現力は簡単に手に入ります。

そのためには、まずこれまで学校で学んできた「時制の統一」や「主語の考え方」などを一度忘れてください。相手を巻き込むための新しい文章の法則を学びましょう。

また、あなたが着目しているポイントを相手にも共感してもらうために、カメラのレンズの動きのように言葉を連ねる技術も大切になってきます。

あなたの表現力で、相手を魅了し、心を揺さぶる。ぜひ、舞台俳優になったつもりで表現力に磨きをかけてください。

書くときも話すときも
40字を意識する

- 短く書こうとしているのに、文章が長くなってしまう
- 要約力がなくて、短くまとめるのが苦手
- 誰もが読みやすい文章量の目安を知りたい あなたへ

あれもこれも漏らさず書こうとして文章が長くなる。結果、論点がわからない文章を書いてしまう。そんな経験はありませんか？

そんな人には、字数を制限して書く練習をおすすめします。字数は40字です。

字数制限が40字であるにはわけがあります。子どもの頃、原稿用紙に書いた一文が、句点もなく3行続くと長く感じられました。もちろん、長い熟語や外来語もあるので目安でしかありません。

しかし、原稿用紙2行分（＝40字）に字数を収めれば、ひきしまった文章になります。**なぜなら、40字程度の文章は、息継ぎをしなくてもひと呼吸で読める。一気に読めるから、人の記憶に残りやすいのです。**

ちなみに冒頭から、ここまでの文章はすべて一文が40字以内です。「しかし、原稿用紙2行分（＝40字）に字数を収めれば、ひきしまった文章になります。」これが最長で39字。40字以内で書くと、読みやすいリズムが生まれるのです。

💬 40字以内で、内容を完結させる

一文を40字以内に収めて書くクセがついたら、次は「伝えたい内容」を、40字以内に収めてみましょう。例えば、

- 風邪の季節になりました。予防のために毎朝、ご家族でヨーグルトを食べましょう。（38字　句読点を抜いて35文字）

●先日のプレゼンに負けました。勝ったのはＡ社です。今、敗北の原因を探っています。（39字　句読点を抜いて35文字）

40字にまとめようとする気持ちがあれば、自ずと一文は短くなります。要約力も、このトレーニングでつきます。私は、ゲーム感覚で40字にまとめる文章をつくっています。ノート型の原稿用紙を持ち歩いて、俳句でもつくる気分で40字文を書いています。

POINT① 「新聞の見出し」「原稿用紙2行分」がよい目安

『記者ハンドブック』（第10版 共同通信社）によれば、ニュース記事の主見出し、脇見出しとも12字以内。リードの書き出し（一文）は11字以内。足せば35字です。40字文は、ちょうど新聞の見出しを見ているようなわかりやすさです。

POINT② 単語を削ぎ落す過程が、語彙を増やす

「グローバルリンクする」「ブラッシュアップする」のような長い言葉が
きたら、40字文は成立しません。こういった言葉は、「世界規模で繋がる」
「練り上げる」と短くする努力をする。文章を短くする意識を持つこと
で、ムダな文章や単語を削ぎ落とす力がつきます。「もっと短い単語はな
いか？」とあれこれ考えるために語彙も増えていきます。

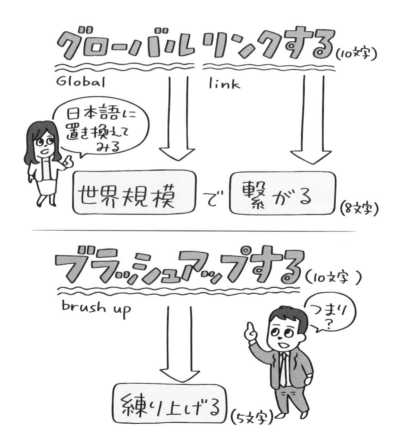

「40字文」に要約してみよう

40字にまとめるコツは、伝えたい内容を冒頭に書くこと。余った字数で説明を加えます。(これも40字です)

例えば、「上司の性格」を40字以内でまとめると、以下のようになります。

上	司	は	、	気	が	短	い	。	最	後	ま	で	人	の
話	を	聞	い	た	こ	と	が	な	い	。	貧	乏	ゆ	す
り	ば	か	り	し	て	い	る	。						

(40マス)

他にも文章を短くするテクニックとして、ムダな主語は省く、カタカナ語を日本語に置き換える(「サプライズ」→「驚き」)、体言止めで語尾を短くする、なくても意味の通じる形容詞を省く、ムダな句読点を省く、などがあります。

以上を参考に、次のお題の内容を、40字以内にまとめてみましょう。

今日のできごと/今日の気分/上司の性格/自分の強み/自社の紹介/部屋の様子/今の政治について/最近の失敗/半年後の自分/この本の感想

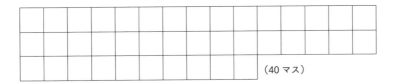

(40マス)

「動かしたい動き」を
具体的にたくさん入れる

● 必死に語っても、誰も行動に移してくれない
● 相手に決断や判断を迫ることができない
● 言葉に力強さがなく、人を動かすことができない あなたへ

人を巻き込む話し方のできる人は、「動詞」の重要性を知っています。
それを知るために、まずは英語と日本語を見比べてみましょう。

Mana <u>went</u> to Matsuyama with her daughter.
麻菜は、彼女の娘と松山に<u>行った</u>。

英語は、主語のあとすぐに動詞が来るのに対し、日本語は最後。だから
「麻菜は、彼女の娘と松山に……」と語ると、聞き手は「あぁ、一緒に行
ったんだな」と文脈から推測できてしまいます。私たちのふだんの会話は、
「ねぇ、お塩」といえば「お塩をとってほしい」ことだと伝わる。動詞を
軽んじた話し方をしているのです。
動詞を抜いた話し方は、仲間同士なら通用します。しかし、これだけ価値
観が多様化した社会では「〜する」「〜したい」「〜しろ」という動詞の部
分をしっかりと語らないと伝わりません。

　　✕「得意先が怒っているかも」
　　○「得意先に、謝罪に<u>行きましょう</u>」
　　✕「山田くん、どうかな」
　　○「山田くん、意見か感想か<u>話してください</u>」

人を巻き込む話し方をする人は、相手に不快な思いをさせないように、さ
りげなく動詞を入れた会話ができます。

🗨 ここぞというときに、相手から動詞を引き出す

しかし、動詞を多用しすぎると、上から目線に感じられます。これを避けるために、相手から動詞を引き出す方法があります。「どう動けばいいですか」「どうすればいいですか」と、相手が「やめよう」「行こう」「決めよう」と動詞を口にするように促す。相手が「動詞」を語れば、それが相手の行動宣言になります。相手を動かすことができます。

POINT① 「動詞」を相手にきちんと示す

「動詞まで言うと、強い印象を与えてしまう」と日本人は謙虚に考えがちです。しかし、なかなか相手が動かないのは、あなたが曖昧な語り方、察してもらおうとするしゃべり方をしているからかもしれません。「動詞」をはっきりと語ったほうが、意思疎通がスムーズにできて、相手にとっても、わかりやすい会話になるのです。

結論を迫るのではなく、
アドバイスを求めるように

相手から動詞を引き出すように質問する。ただし頻繁に使うと、相手を圧
迫し「自分で考えろ！」と言われてしまうことも。それを防ぐためには、
悩みを共有したうえで、「○○さんなら、どう動きますか」とアドバイス
を求めること。このように語ると、相手も「私に答えを迫っているのでは
なく、アドバイスを求めているんだ」と思えます。気軽に「動詞」で語っ
てくれるはずです。

気持ちよく動詞で語ってもらうには？

①悩みを共有 ⟹ ②アドバイスを求める

どう動いて良いか
決めかねている
のですが…

坂田さんなら
どう動きますか？

私なら
こう
動きます

動詞入りの
アドバイスを
引き出す！

「英語の語順」で語ってみよう

動詞を会話に入れるトレーニングとして、英語の語順で話してみましょう。

①I know his name.
✕ 私は、彼の名前を知っている。
○ 私、知ってる！ 彼の名前！

②I believe what he says.
✕ 私は、彼の言うことを信じています。
○ 私は、信じています。彼の言うことを。

③He promised me that he would be punctual.
✕ 彼は私に時間を守りますと約束した。
○ 彼は私に約束したんです！ 時間を守りますと。

たどたどしく聞こえるかもしれませんが、スピーチではこうした英語の語順で語ることによって、言葉を強める方法がよく用いられます。
人を動かしたり、意思疎通するための訓練として、日常に取り入れてみてください。

学校で習ってきた"常識"を
いったん捨てる

- 教科書のような文章でつまらないと言われる
- 「あなたの文章は、思いが伝わってこない」と言われる
- 正しいけれど、誰でも書ける文章しか書けない あなたへ

文法的には間違っていないけれど、平凡でつまらないと言われる。学生時代に国語が得意だった人によくある悩みです。

公的なメール文などには「文法上正しい、常識ある日本語」は必要です。しかし、ネットで検索すればいくらでもそのサンプルがある時代。少し学校で習った国語を忘れて、ここでは人の心にひっかかり、強く印象を残す文章の書き方を学びましょう。

近年、大学生に「よい日本語とは何か」と尋ねると「google 翻訳がきれいにできる文章」という答えが返ってきます。SNS が世界に発信されるとき、世界の言語にすぐ翻訳される言葉のほうが波及力がある。そう考える人が増えるのも当然でしょう。**正しい日本語の概念は日々変わっている、まずはそれを認識しましょう。**

例えば、Apple の HP では、「～してまいります」「～致します」といった敬語はほとんど使いません。「～します」「～を目指します」と言い切る文章が多いので、強い意思を感じることができます。

💬 時制をまぜて、文章に独特な動きをつける

私たちは、英語の授業で「過去形と現在形をまぜてはいけない」と学びました。その影響で、過去を語るときに現在形を入れるのは間違いのように思い込んでいますが、そんなことはありません。樋口裕一先生は「**実際の行動を書いた文は過去のままで。様子を説明するときは現在形で書く**」

（『頭がいい人の文章「すぐ書ける」コツ』三笠書房）と言っています。

これに従えば、「飼い犬のポチが逃げた（過去）。私は、近所を探し歩いた（過去）。雨がしきりに降っている（現在）。車が通ると、水しぶきがあがる（現在）。私は、歩く速度を早めた（過去）。『ポチ！』と小さく叫んだ（過去）」。現在形と過去形をまぜれば、文章に動きがでます。

POINT① 企業HPから「読まれる文章」を学ぶ

企業 HP や Web サイトを見てみましょう。わざとひらがなを使って簡単な印象を与えたり、改行の代わりに一段スペースを空けて余白をつくっている。過剰な敬語を抑えて強い意志を示したり、親しみを出そうとするケースもあります。現在は、パソコンですぐに漢字変換できるため、若い人を中心に難しい漢字を使う傾向にありますが、「どうすれば読んでもらえるか？」という視点を忘れないようにしましょう。

企業のWEBサイトを参考に
自分の文章を書きなおしてみる

「〜致します」 ⟶ 「〜します」
「お客様」 ⟶ 「あなた」

POINT② 時制をまぜると、臨場感が出る

過去の出来事を伝える場合、「現在形」と「過去形」を織りまぜると文章がいきいきします。なぜなら、文末が単調ではなくなりリズムが生まれるから。現在形を入れると、状況に巻き込まれたような臨場感が生まれる。つまり、視点が増えるわけです。過去の出来事だからといってすべてを過去形にするのではなく、そこで見えた景色などは現在形で書いてみましょう。

過去の出来事を伝える場合

ルールに則って、リズムのある文章を書こう

実際に過去の出来事を、時制をまぜて書いてみましょう。

以下の練習問題の文章を、「実際の行動を書いた文は過去のままで。様子を説明するときは現在形で書く」の法則に則って修正すると、どうなるでしょう?

練習問題

リモート会議の席に着いた。

得意先の部長の顔が見えた。

自宅なのにネクタイ姿だった。

ポロシャツ姿の私は、「まずい」と思った。

解答

リモート会議の席に着いた。(過去形のまま)

得意先の部長の顔が見える。(現在形)

自宅なのにネクタイ姿だ。(現在形)

ポロシャツ姿の私は、「まずい」と思った。(過去形のまま)

このような書き方は、SNSでつぶやく、日記を書く、仕事の状況報告をするなど、出来事を説明するときに最適です。

ぜひ、試してみてください。

望遠レンズでズームするように「伝えたいこと」に迫る

- 相手に情景やその場の雰囲気を伝えるのが苦手
- 「見てほしいのはここだ！」と思っているのに伝わらない
- ありありと具体的に、文章を書くことができない あなたへ

出張で見た現地の様子を上司に説明するとします。あなたは、上司が「自分自身が訪れた」と勘違いするほど、リアルに情景を伝えることができますか？ 伝えるのが上手な人は、これが得意です。上司の脳内スクリーンに、現場の状況・雰囲気・温度感までをも伝えることができます。**伝え方上手な人は、五感に訴える力をもっているのです。**

「自分の言いたいことを、相手の頭上に白いスクリーンがあると思って、視覚・聴覚・嗅覚・味覚・触覚、全部を使って映像化しろ」。これはCMプランナーになりたての頃、上司に学んだ「CM的説明話法」です。

　　✕「あったかいうどんを急いで食べた」
　　◯「メガネがくもるような白い湯気の出る丼に、顔をつっこんでハフハフ言いながらうどんを食べた」

スクリーンにどちらのほうが、情感をもって伝わるかは一目瞭然です。**ここで、色・音・匂い・味・触り心地を入れます。**広告の世界では、ステーキ肉がジュージュー焼ける音を描写して相手の食欲を刺激するのが伝え方の鉄則。このときの「ジュージュー」という音を「シズル」と言います。

💬「の」を使って、見る対象にズームする

次は「『の』ズーム」という手法です。長く子どもの作文を見ている私は、文章が上達する子には法則があることを発見しました。

×「水族館にいたイルカが、かわいかった」

○「水族館にいたイルカの目が、かわいかった」

「〜の〜」と「の」で対象にズームしています。「イルカがかわいい」は誰でも書ける。しかし「イルカの目がかわいい」となるとその子オリジナルの視点がある。このわずかな違いが、相手に情景を的確に思い起こさせる差になるのです。

POINT① 相手の頭上のスクリーンに向かって話す

相手の頭の上に白いスクリーンがあると考える。そこに五感を使って「シズル感」のある CM を映し出すように語る。これができると、文章から音がする、匂いがする、注目するポイントが目に飛び込んでくる。臨場感のある文章が書けるようになります。

POINT② 「の」ズームで、あなたの考えが伝わる

対象物を「の」でぐっと近づけることで、伝えたいものがはっきりします。「このコートが好き」→「このコートの襟元が好き」、「ここのラーメンが好き」→「ここのラーメンのスープが好き」、「この町が好き」→「この町の空の広さが好き」とズームすることで、好きなポイントがわかる。あなたが何を考えているか相手に具体的に伝わります。

この街の商店街の店員さんたちが、好きです

相手の頭の上に白いスクリーンがあると考えて、語る練習です。

次の3つの練習問題の解答を、考えてみてください。

コツは、映画のワンシーンを自分で撮影しているような気分で、頭に浮かぶ風景を語ること。そのとき音や匂い、色など五感で感じることも語りに入れてください。

練習問題① 中学時代の放課後の様子を、友だちの頭上のスクリーンに向かって話す。

（例）西日が深く差し込む教室。黒板には、日直の名前がまだ残っている。校庭からは、野球部の声とカキーンと響く音がした。

練習問題② 近々であった会議の様子を、上司の頭上のスクリーンに向かって話す。

（例）20人は収容できる部屋にたった3人。大きなスクリーンには何もうつっていない。男3人が、頭を抱えている。すでに10分以上沈黙が続いている。

練習問題③ セールスマンになったつもりで、空気清浄機を売るトークを考える。（※空気が汚れている現状をリアルに描く）

（例）ベッドメイクするときに、ホコリ、髪の毛、花粉、ダニやペットの毛が部屋中に飛び散っています。そんな中で深呼吸できる部屋にするには、0.00146ミクロンまで汚染物質を取り除く必要があるんですよ。

主語を「私たち」にして、相手の気持ちを引き込む

- 一生懸命話しても、人ごとだと思われている
- 場の空気が盛り上がる話し方ができない
- チームをひとつにまとめられない あなたへ

リモート講義の普及で大きく変わった点があります。それは学生たちの呼び方です。教室に全員いるときは「あなたたちは」と複数で呼べた。

ところが各自一台一台のモニターで聴講するリモートでは、「あなた」と One to One の呼びかけをしたほうが、学生にとっては「自分ごと化」しやすいようです。**しかし、これが恒常化すると同じ教室で講義を聞いているような「一体感」は生まれにくくなります。**

これはチーム運営などにとっては危険な状態を招く恐れがあります。

2009年、アメリカ大統領に就任したバラク・オバマ元大統領のキャッチフレーズは、「Yes, We Can!(そうだ! 私たちはやればできるんだ!)」でした。聴衆が何度も「Yes, We Can!」を繰り返す。これに答えるオバマ元大統領のスピーチは「We(私たち)」を何度も使うものでした。

「We(私たち)」と言って、聴衆に「自分ごと化」させ、団結させていく。魔法のようなスピーチでした。

リモートでのコミュニケーションが当たり前になった今だからこそ、オバマ元大統領が使った、主語を「We(私たち)」で語る話術に注目すべきです。

💬 自己主張には、あえて「私が」を使う

私は、主語を「私たち」と複数にして語れと言いました。

その反対、「私が」と単数で語ったほうがよい場合もあります。それは自己主張したいときです。「他でもない。この私がこの企画書をつくりました!」と自分を売り込みたいときは、「私が」あるいは「上原が」と自分

の名前を言うくらい押し出してください。

一体感をつくるときは、　✕「私は」　〇「私たちは」
自己アピールするときは、　✕「私たちが」　〇「私が」

つまり、リモートでもリアルでも、一体感をつくることと自己アピールを
うまく使い分けることが大切なのです。

POINT① 「私たちは」と呼びかけることの大切さ

得意先やプロジェクトチームとの会話には「私たちは」をたくさん入れて、
同じ仲間、戦友、同じ方向を見ている者という意識を高めた話し方をしま
しょう。

「あなたは」「私たちは」「私は」を 効果的に使う

「あなたは」と言うと、今目の前にいるずばり「あなた」に語っている意識が生まれます。「私たちは」は、同じチームでともに仕事をしている、「私たち」で話し合っている意識になります。「私は」は、他の誰でもない、これをやっているのは「私」だと相手に認識させることができます。

主語を使い分けて、声かけしてみよう

リモート会議で資料を共有するときを想定して、「あなた」「私たち」「私」を使い分けて語ってみましょう。

主語を明確にすると責任の所在がはっきりするという効果もあります。みんなの参加意識が増し、動きやすい環境が生まれます。

解答例　リモート会議で資料を共有するときの声かけ

あなたのモニターに、今共有の資料がうつっていると思います。これは私たちが得意先に明後日提案するサマリーです。私がつくったものですが、たたき台になればと考えています。

以下の場面では、どのような声かけができるかも考えてみましょう。

● 所属するグループの成績が思わしくないときの声かけ
● 新しいプロジェクトが発起したときの声かけ
● チームの人間関係がうまくいかず、仲間割れが起きているときの声かけ
● グループの意思疎通がうまくいかず、みんながバラバラで動いているときの声かけ
● 夫婦喧嘩で仲直りしたいときの声かけ

最後まで聞きたくなる話術を
マスターする

- 話している最中に、相手が飽きたりイライラしはじめる
- 自分の話にはエンターテイメント性がないと思う
- ドラマチックに話を展開できない あなたへ

話している最中に、相手が飽きたり、つまらなそうな顔をする。それが不安になってしどろもどろになってしまう。よくある話です。

最後まで興味をもって聞いてもらえる工夫をしましょう。

「ランキング形式」は、つい参加したくなる

人気YouTuberの語り方を見ていると、「ランキング形式」で話していることに気づきます。「効率を上げる机周りのグッズベスト5」とか「嫌われる上司の口グセベスト10」など、あなたも見たことがあるでしょう。

ランキング形式で発表するメリットは、「ベスト1」が何かを知りたくなること。「私は、あれが1位だと思う」と相手が知らず知らずのうちに参加してしまう。それが当たれば「やっぱりね」となる。外れれば「意外だなぁ」と記憶に残る。「ランキング形式」で語るのは、話にエンターテイメント性をもたせる王道です。

「ランキング形式」で語れるようになるには、日頃のトレーニングが必要です。「残業が減らない理由ワースト5」「私の疲労回復術ベスト10」など、普段から何でも順番をつけて考えるクセをつけましょう。

「〇〇の法則」で語ると、人は引き込まれる

『マーフィーの法則』『引き寄せの法則』などロングセラーの本は、「法則」や「セオリー」を題材にしたものがたくさんあります。

「法則」と聞くと、物事の真髄を教わったような気分になる。「得したな」と思えるからです。

×「残業を減らすには、上司から先に帰ることが重要です」

○「残業を減らすには、どこの業界にも通用する法則があります。
『まず、上司が席を立て』という法則です」

話すときも書くときにも、「ここには『ひとつの法則』があります」と言
って、確信部分を語るようにしましょう。

POINT① ランキングは、「ベスト5」がちょうどいい

「結論から先に話せ」とよく言われます。しかしそれだと残り時間の間が
もたないことがあります。最後まで話を聞いてもらうには、「ランキング
形式」が有効です。ランキングの数は自由ですが、何にでも応用がきくの
は「5」。使い勝手がよく、相手が集中を切らすこともありません。

POINT② 宣言すると、自ずと法則が生まれる

「法則」をつくる簡単な方法は、「○○には法則があります」と宣言すること。そのあとに頻繁に自分がやっていることを思い浮かべます。例えば、昼に甘いものを食べてしまう人は、「私のランチメニュー選びには、ひとつの法則があります」「それは、『自分に小さなご褒美をあげる』という法則です」と言えます。こじつけでいい。使うほどに上達します。

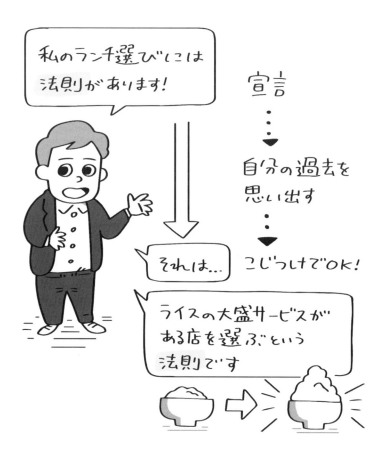

「形式」や「法則」に当てはめて語ろう

「ベスト5」「法則」を考えるうちに、自分の考えが整理され、優先順位をつける力や、物事をまとめる力も身につきます。

また、「何を話せばいいか思いつかない」といったこともなくなります。早速、練習してみましょう。

練習問題①　ランキングをつくってみましょう。
- 今の日本社会のよくない点 ベスト5
- 私の気分転換 ベスト5
- 好きな言葉 ベスト5
- 仕事で大切にしていること ベスト5
- これまでで嬉しかったこと ベスト5

解答例　今の日本社会のよくない点 ベスト5
大学生に聞いた「今の日本社会のよくない点」をランキング形式で発表します。第5位は、休みが少ないところです。

練習問題②　次の法則を考えてみましょう。
- 上司がイライラするときの法則
- 私の成功の法則
- SNSで失敗するときの法則
- ダイエットに失敗する法則
- 寝坊の法則
- いいことが起こる日の法則

解答例　寝坊の法則
私には、「寝坊の法則」があります。朝起きられない日に失敗が増えます。

Day
5

言葉に説得力を
持たせる

※ ☐ チェック欄として活用してください

「説得力」とは、相手の信頼を勝ち取るもの

「説得力」を検索すると、相手を納得させ、あなたの望む方向に相手を動かす力といった説明が出てきます。しかし、本当でしょうか。これだけで足りるでしょうか。

相手を納得させるだけなら、これまで学んできた「論理力」や「表現力」でもまかなえます。
「説得力」はこれにとどまらず、「相手の信頼を勝ち取る」ための力を秘めているのです。「うん、君のことは信頼できる」「あなたの言葉に嘘はないだろう」「あなたのことが気に入った。また会おう」と相手が思ってくれる。その信頼があってこそ、相手は納得し、望む方向に動いてくれるのです。
つまり「説得力」とは、相手の信頼を得ることで、あなたの思い通りに相手を動かす力なのです。

私はスピーチライターとして、多くの謝罪会見に立ち会ってきました。
記者たちは、こちらを罪人のような目で見つめ、「悪事を暴いてやる」という口調で話しかけてきます。こんなとき、「論理力」だけで話したら、相手は「理屈っぽいやつだ」と言って、感情的な質問を投げかけてくるでしょう。「表現力」だけで語れば、「うまい

こと言って、追求から逃げようとしている」と思われ、ますます厳しいことを言われてしまいます。

こういうときに、心強いのが「説得力」です。
相手を受け入れる心の広さ。かっこをつけず、自らの失敗を語る謙虚さ。口から出まかせに言うのではなく、データや資料に基づいて話す客観性。そして、相手に常に感謝する気持ち。こうしたものの総合的な力が「言葉の力」なのです。

この本の最終章は、この「説得力」を身につけることをゴールとします。多くの人にあなたのことを「信頼に足る人間だ」と思ってもらいたいからです。
そのためには、人からの受け売りではなく、自分の肉体を通過して出てきた本音で語ることが大切になります。そして最後は、「ありがとう」の気持ちを忘れないこと。

「説得力」を身につけて、一回りも二回りも大きな人間になりましょう。

苦労や失敗談のネタを10個持つ

- 普通に話しているのに「上から目線」と言われる
- 自分の話をすると、みんなが嫌な顔をする
- プライベートなことを話すのが苦手な あなたへ

成功談、実績を語っているはずが、自慢話になっている。プライベートをさりげなく語っているつもりなのに、「私ってえらい、がんばっている」という内容になっている。人の自慢話は鼻白むものです。

一方で人に好感をもたれる話は、失敗談や苦労話です。スピーチを書くために企業のトップと話していると、じつに失敗談が多い。**「あの失敗は今でも夢に出る」などと、長く悔い、恐れ、未練をもっている。その姿にこの人の仕事への執着とか人間味を感じるものです。**

では、自慢話から脱するにはどうしたらいいか。簡単です。**失敗や苦労を先に話してから、「教訓」を盛り込む。**例えば、「寝坊して会議に遅れた」という失敗談のあとに「大事な会議の日は、目覚ましを 30 分早くセットする」などと教訓を話すことです。

💬 人の失敗談から、エピソードを思い起こす

失敗談を語るには、まず人の失敗談を聞くところからはじめましょう。

友人や後輩に質問する。SNS で検索する。大失敗だけでなく、日常のうっかりミスや勘違いなどを聞くと、自分も同じような失敗をしていることに気づきます。**そこがポイント。人も自分もやっている失敗は、多くの人の共感が得られる失敗なのです。**

人の失敗談を聞いて、「私も似たような経験がある」と思ったら、それを自分のエピソードに置き換えてみます。置き換えるときは、どの失敗についても「その結果、自分がどう変わったのか」を考える。その変化が、相手を成功に導くヒントや教訓になることを意識しましょう。

こうして、集まったエピソードを会話の中で臨機応変に出すことで、「私はがんばった」で終わる、自己満足な自慢話から抜け出せます。

POINT① 「失敗談＋教訓」なら、スッと受け入れられる

ある社長は、「絶対の自信をもって出した商品が売れなかった。社員の反対を押し切って出した商品だけに、メンツが邪魔をして、撤退のタイミングを逃して傷を広げた。『メンツより人の声』。これが私が学んだことだ」と言いました。広告マンだった私は、周囲の反対を押し切って自分が好きなCM企画を通そうとしたときに、「メンツより人の声」という社長の言葉で抑制することができたのです。このように「失敗談＋教訓」で話すと、人の心にスッと入ってきます。

POINT② スマホにエピソードをストックしておく

失敗エピソードは、思い出しやすいように100字程度にまとめておくと便利です。目安は10個。私はスマホアプリの「Google Keep」に「失敗談」とタイトルをつけて保存しています。頻繁に眺めることで、人前でパッと語ることができます。大切なことは、固定せずに3ヶ月に一度、エピソードを入れ替えること。同じ話ばかりしているとマンネリ化して、失敗の痛みや悔恨の気持ちが薄れてしまうからです。

失敗談を100字にまとめよう

以下の様々な失敗を、100字程度にまとめてみましょう。
コツは、失敗を語ったあとに、「その結果、自分がどう変わったのか」という教訓を盛り込むことです。

❶人生の大失敗
❷仕事上での痛恨のミス
❸人間関係の失敗
❹学生時代の失敗
❺お金の失敗
❻思い込みの失敗
❼言動による失敗
❽最近続いているうっかりミス
❾ここ1ヶ月以内の失敗
❿今日の失敗

解答例　言動による失敗
山田と田中と飲んだとき、「黒沢ってつまんねぇよな」と言った。3日後に、管理の篠塚さんから、「確かに、黒沢さんってつまんないよね」と言われた。酒場の話はすぐに回る。以来、人の悪口で酒を飲むことをやめた。（100字）

「曖昧な表現に代わる数字」「へえ〜と声が出る数字」だけを使う

- 話が信じられない、信憑性がないと言われる
- 話すと「それはあなたの個人的意見でしょ」と言われる
- 「へえ〜!」と言われるような面白い話ができない あなたへ

人に道を説明するときに、「この道をまっすぐずーっと行ってください」と言うよりも「この道を30メートルほどまっすぐ進んでください」と言ったほうが具体的で、説得力があります。**話の中に数字を入れ込む。これは話の信憑性を高めるコツのひとつです。**

ただ、数字なら何でもいいわけではありません。逆にややこしくなる場合もある。入れ込む数字の条件は、「わかりやすい数字」であることです。ここでは、わかりやすい数字の例を2つ紹介します。

曖昧な表現に代わる数字

スーパーマーケットの精肉売り場担当で、「声かけ名人」と呼ばれる人の売り言葉を聞いていました。「暑い、暑い、暑い! 今日で、3日連続猛暑日だ! 35度、3日超えてます。体力も限界! お肉でチャージ!」
お客さんが、ぼんやりと「暑いなぁ」と感じているところに、「35度の猛暑日が3日連続」という数字を入れたとたん、人が集まる。「暑い」という曖昧な表現を「35度」と数字に置き換えることで、相手に気づきと信憑性を与えられます。気温・距離・時間・ものの数、身近なところからでかまいません。取り入れてみましょう。

つい、「へえ〜」と声が出る数字

私は時間があるときに、意外なデータをネットで探しています。
例えば、「都道府県別統計ランキングでみる県民性」をみると、「15歳以上の男女の睡眠時間ランキング」は、①秋田②青森③山形と東北勢の圧勝。

ワーストは、①神奈川②埼玉③千葉と関東勢が睡眠不足に悩んでいることがわかります。こうした「へえ〜」と膝を打ちたくなるような数字を交えて話すと、個人の意見に見えなくなります。話に面白みも増します。

POINT① 曖昧な表現は、数字に置き換える

「会社に長く在籍している」より「8年間在籍している」と語るほうが相手にあなたのキャリアが具体的に伝わります。「たくさん食べた」より「いつもは1800カロリー程度なのに、今日は3300カロリーもとってしまった」。「スマホをずっと見ていた」より「スマホを7時間見ていた」のほうが過度に摂取した状態がわかります。数字を会話に入れる工夫をして、話の説得力を増してください。

POINT② 信憑性のある「へぇ〜データ」を駆使する

人に気づきを与える「へぇ〜データ」は、積極的に会話に取り入れましょう。ただし、いくら「へぇ〜」と思っても、信憑性がないものは使わないように。データは信頼できるサイトから集めます。歴史もあり、信憑性も確かな「博報堂生活総研」（https://seikatsusoken.jp/）はおすすめです。また「統計のおねぇさん」ことサトマイさんが発信するYouTube「謎解き統計学サトマイ」は、統計を駆使して語る方法を教えてくれますよ。

26 あらゆるものを数値化してみよう

以下のお題を、数字を入れて具体的に説明してください。
日常の中で、思い立ったら数値化する習慣を身につけましょう。

- 今日の気温
- 駅から家までの距離と時間
- 会社の従業員数、自分の在籍年数
- 今、書いている企画書の枚数
- 自分が理想とする摂取カロリー
- 自分が抱えている仕事の数
- 今日のスマホの閲覧時間
- 今日「ありがとう」と言われた回数
- 今月のリモート会議の回数
- 今日仕入れた、とっておきのデータ

解答例　今日仕入れた、とっておきのデータ
思考整理の専門家、鈴木進介さんによれば、現代人が1日に受けとる情報量
は、平安時代の一生分だそうです。

- 話が冷たく、人間味がないと思われている
- 気の利いた返答や面白い感想などが言えない
- 話にリアリティがないと言われる あなたへ

広告の世界には、「肉体語で話す」という言葉があります。頭で考えた言葉ではなく、しっかりと体を通って、血肉の温度をもった言葉を使えという意味です。どんなにクレバーであっても、国会答弁のように心のこもらない言葉を並べただけでは人を感動させることはできません。

ネットに溢れる言葉をメモする

誹謗中傷の言葉で溢れているネット空間。しかし、よく見ると本音や心からの思いを含んだ「肉体語」もたくさん流れています。

例えば、私の好きな藤井風さん。YouTubeで彼の歌う『帰ろう』に集まったコメントを見ると、「深夜、湯船につかりながら聴いて号泣しています」「なんとも言えないいい脱力感」「もう10年以上許せないことがあったのですが、忘れようと思いました」と体温で温められた「肉体語」が寄せられている。私は、こうしたじーんとくる肉体語をスマホにメモしてストックしています。

自分の好きな曲、感動した曲で他の人がどういうコメントを寄せるかを見て、学ぶ。他人の「肉体語」を知ることで、自分の言葉も鍛えられます。

ダンボのような耳で、肉体語を集める

リアルな場でも、「肉体語」を集めるトレーニングを積みましょう。

私は、コラムのネタを探すために「ダンボ・ノート」と称したノートをつけていました。キャラクターのダンボのように大きな耳で情報収集する。先輩が、仕事帰りにビールを飲んだとき「ちょっと、話しかけるな。俺は

今、体の感謝の声を聞いている」と一口目の感想を言いました。これを
ノートに書き、この感想をしばらく拝借していました。

そのうち「あぁ、うまい。細胞がよろこんでいる」などと、ここから派生
する自分の肉体語が生まれてくる。こういう努力をしないと「あぁ、おい
しい」「やばいですね」程度の感想しか言えないのです。様々な機会から
「肉体語」を学びましょう。

POINT① 他人の言葉でも、どんどん使う

集めた「肉体語」は、どんどん活用しましょう。人の感想では「本当の肉
体語ではない」と思うかもしれません。しかし、やってみると必ず自分な
りのアレンジや言い回しが出てくるものです。「学ぶ」とは「まねする」
ことからはじまるのです。

POINT② 「肉体語」を見つける3つのヒント

「肉体語」の基準には個人差があります。私にはじーんとくる言葉でも、あなたにはまったくひっかからない。「何が肉体語か」と言われるとむずかしいものです。まずは固く考えず、日々の会話や動画の中であなたがピンときた言葉をメモに書き留めましょう。それが難しいという人のために、ここでは、肉体語を見つけるヒントを3つ紹介しておきます。

ヒント① 主語が「私」で語られている

(私は)自分に負けない！
あと2キロ走るぞ！

ヒント② 感情がそのまま出ている

みなさま本日は…

正直、逃げたかった。でも足が動かなかった。

ヒント③ オノマトペを含んでいる

そんなこともできないのか

ワナワナ

全身がカッと熱くなり、拳がブルブルと震えた。

オリジナルの「肉体語辞典」を つくろう

以下のような自分の好きなもの、気になるものに、みんながどんな感想や意見を寄せているかネットで検索してみましょう。それをコピペしてスマホにストックして、オリジナルの「肉体語辞典」をつくります。

この際、否定的な意見は拾わないことがポイントです。

- ●好きなアーティスト作品の感想
- ●好きなレストランの感想
- ●自分が気に入った商品に関する感想
- ●自社の評判
- ●好きな場所の印象
- ●卒業した学校の感想や意見

ネットだけではなく、街に繰り出すのもおすすめです。
私が博報堂に入社した当時、名刺サイズの白い紙が会社に常備されていました。
それをポケットに数枚入れておき、街角で拾った言葉を書いていくのです。
女子高生が電車の中でつぶやいた言葉、居酒屋でサラリーマンが話していた言葉、休日に公園から帰る親子の言葉……。
この要領で、リアルな現場の声もぜひ拾ってみてください。

Method 28　朝、その日の話題を仕込みまくる

- 話しはじめに何を話せばいいのか、わからない
- 初対面が怖い、相手から話しかけられないと話せない
- 冒頭で人の心をつかむ話力がほしい あなたへ

スピーチでは、はじまりの言葉が最も大切だと言われています。私はそれを「初動言語」と称して、色々な機会に教えています。

まずは、「挨拶」です。「挨」も「拶」も「押す」という意味。「挨拶」は、大きな声で空気を押して、その場の空気を支配するためのものだと心得てください。「おはようございます」と大きな挨拶をする。それで会場の空気を支配する。多くのプレゼンを長くみていると、挨拶の重要性を強く感じます。「初動言語」は、まず挨拶です。

「季節の挨拶」を侮るなかれ

挨拶に続く「初動言語」です。それは、日本人が長く育んできた「季節の挨拶」です。「寒いですね」「桜が咲きましたね」「昨日の夜は暑かったですね」、日本人は同じ季節を味わうことによって、気持ちをひとつにしてきました。なぜ季節の挨拶が大事かと言えば、誰もが参加できる話題だからです。だから「電車が遅れていましたが、みなさん、大丈夫でしたか」「この会場、エアコン効きすぎていませんか」のような話題もOK。誰もが参加できる話材で、心をひとつにしましょう。

「今日は何の日?」徹底マーク

次の「初動言語」は、「旬の話題」です。まずネットで今日の日付を入れて、記念日・出来事・どんな人が生まれたかなどを調べる。例えば、これを書いている今日は2月19日。調べてみると、「プロレスの日」と出てきます。1954年、力道山・木村政彦とシャープ兄弟の試合を観るために、

新橋の街頭テレビに約2万人の人が集まった、という情報が出てくる。これを話の枕に使って、「本日は、『プロレスの日』だそうです。昔、新橋の街頭テレビに2万人を集めた記念日だそうです。今日は、数えるところ……8人ですが（笑）、熱気のあるプレゼンをめざしますのでよろしくお願いします」などとつくることできます。「旬の話題」からネタをつくる力をつけましょう。

POINT① 「初動言語」で、話をはじめる

はじまりの言葉である「初動言語」には、3つあります。大きな声で、場の空気を支配する「挨拶」。誰もが参加できる話題でみんなの意識をひとつにする「季節の挨拶」。その日がどんな日かを検索して、つかみのネタにする「旬の話題」です。

① 挨拶…▶ 場の空気を支配する

② 季節の挨拶…▶ みんなの意識をひとつにする

③ 旬の話題…▶ つかみのネタになる

POINT② 「旬の話題」から枕詞をつくるコツ

枕詞をつくるコツは、「その場の目的」と「旬の話題」を重ねること。得意先へのプレゼンを想定すると、その場の目的は「プレゼンで良い結果を出す」こと。これに用いる旬の話題は「今日、4月22日は良い夫婦の日」。目的（プレゼンで良い結果）＋旬の話題（良い夫婦）を重ねると「仲良くしたい」という重なりが見えてきます。その結果、得意先と「夫婦のような蜜月になりたい」という枕詞ができるわけです。

プレゼン前の「枕詞」を考えよう

ここでは、POINT ②を参考にして、以下に挙げた「旬の話題」をもとに枕詞をつくってみましょう。プレゼン前や会議前を想定して、「その場の目的」と「旬の話題」を重ねることがポイントです。

● 九州で桜が咲きはじめた
● 今日から子どもたちは夏休み
● 今日、2月20日は「パスポートの日」
● 今日、箱根では初雪が降っている
● 京都に外国人旅行客が戻ってきて、混雑している
● 昨日のサッカーは逆転試合で盛り上がった
● 53年前の今日、ビートルズが初来日した

解答例　今日、箱根では初雪が降っている
今日は、箱根では雪が降っているそうですが、ここでは、寒くて、滑らない話にならないようにがんばります。

ネットで今日は何の日かを調べる。歴史上の出来事、二十四節気など幅広く読む。テレビ、新聞などで、世間一般に流れているニュースも頭にいれておく。音声メディア「Voicy」の「ながら日経」などを聞く……。
こういった積み重ねが、機転の利いた枕詞をつくるのに役立ちます。

上手に断って、
自分の時間を守る

- 相手に嫌われるのが怖くて、なんでも引き受けてしまう
- 断ることで「わがまま」「きつい性格」と言われるのが怖い
- うまく断れなくて、いつも我慢ばかりしている あなたへ

日本人は、断ることが苦手です。それは、相手の心情とか周囲の空気を読んでばかりいるせいで、「ここで断ると嫌われる」と考えてしまうからでしょう。しかし、断ることで、あなたの時間、労力、体力を自分のために使うことができる。自分主導の人生を送れるようになるのです。

「断り方」には、2つの種類がある

断りは、「通告」に近いものです。そこから、会話が生まれては困る。言った瞬間に、相手に「わかった」と言わせて終わりにする。極めて特殊な説得力です。心理的にも負担になるものなので、以下の2つの方向を頭にいれておきましょう。

① 「時間がない」「先約がある」「体調が悪い」などの確固たる理由があって断る場合→「感謝・断り・期待」の公式
② 今の自分の考え方やポリシーと違うものを断る場合→「感謝・自分の意志・期待」の公式

①に関しては、「感謝・断り・期待」の公式で断ります。
「お誘いありがとうございます（感謝）。あいにく先約がありまして、本日は難しそうです（断り）。ぜひ、また誘ってください（期待）」
基本は、「感謝」と「期待」でサンドイッチにすることで、相手の心証を悪くないようにします。問題は②です。こちらは、自分の意志をしっかり述べて断る必要があります。ハードルは高いですが、一度でも、この方法

で断ると、「あぁ、自分は人に対して断ることができるんだ！」と実感でき、自分軸で生きる力が湧いてきます。この公式は、
「お誘いありがとうございます（感謝）。しかし今、英語の勉強を毎日しています。自分で決めたことをやり遂げたいので、申し訳ないです（自分の意志）。また誘っていただけると嬉しいです（期待）」
断りの中に「自分の意志」で決めたことだとはっきりと言う。相手軸ではなく、自分軸で動く人間だと言う。これが「通告」なのです。難しいかもしれませんが、できるビジネスパーソンは、自分の意志で断ることができます。自分らしく生きるためにもぜひ身につけてください。

POINT① 「自分の意志」を提示する大切さ

まず「感謝」で相手の気持ちを和ませる。次に「自分の意志」をしっかり語って断り、自分の意見で動く人間だと示す。最後に今回は断るけれど、次回は誘いを受けることを相手に「期待」させて、関係を保ちます。

感謝
お誘いありがとうございます

自分の意志で断る
でも今は毎日、仕事のあとに資格試験の勉強をしています。自分で決めたことなので、投げ出したくないんです

期待
2月末に試験が終わるので、そのあとにまた誘って下さい

POINT② 断る相手は、こう見極める

相手が自分にとってどんな人か、断った場合のメリットデメリットを検討したうえで断るか判断します。なんでも自分の都合で断るのではなくて、相手を見極めることも大切です。私は断る基準を設けるために、相手を「得意先や尊敬する人」「ビジネス上のつきあい」「友だちや仲間」と3つに分類しています。

「感謝・断り・期待」の公式で断ろう

次の場面で断ることを想定して、「感謝・断り・期待」「感謝・自分の意志・期待」の公式に当てはめたセリフを考えてみてください。

練習問題①　得意先から会食に誘われた
解答例　「お誘いありがとうございます！（感謝）その日はどうしても外せない家族との約束がありました。本当に申し訳ないです（断り）。ぜひ、別の機会によろしくお願いします（期待）」

練習問題②　上司から毎日残業を依頼される
解答例　「期待してくれて嬉しいです（感謝）。しかし、私は最近考えるところがあって、毎日英語の勉強をしています。これは自分で決めたことなので、投げ出したくないんです（自分の意志）。就業時間内でがんばりますので、よろしくお願いします（期待）」

以下も同様に考えてみましょう。

- 上司から毎日のように会食につきあわされる
- 現在でも仕事がいっぱいな上に、新しい仕事を入れられる
- 「君しかいないんだ」と言われて仕事を頼まれる
- 興味のないセミナーに誘われた
- 上司から再三パソコンやネットの使い方を教えろと言われる

理不尽と思われる場面でも、最初のひと言は「ありがとうございます」ではじめるほうが印象を悪くしないですみます。
最後も「また機会があれば」「やれるときがあれば」と多少なりとも期待の言葉を入れたほうが、人間関係はうまくいくケースが多い。ピシャリと断るのはよほどしつこいケースに留めてください。

●後味のいい話の終わり方を身につけたい
●「また会いたい」と言われて、次につながる話し方をしたい
●好感度の高い人になりたい あなたへ

最強の日本語は何か。私は「ありがとう」だと確信しています。
よく感謝の言葉にバリエーションがほしいという人がいます。「感謝いたします」「お礼申し上げます」「助かります」「恐縮です」「サンキュー」……色々ありますが、どれも「ありがとう」ほどのパワーはありません。**逆にあれこれ言い換えていると、感謝の気持ちがストレートに伝わらなくなります。**

生前の小林正観さんにお会いしたとき、「朝起きて『ありがとう』を100回言えば、『ありがとう』と言いたくなる現象を100個探す1日になる」と言っていました。
確かに、朝から「ありがとう」と声に出すと、**脳は「ありがとう」の理由を探し出し、「あぁ、朝ごはんがおいしいからありがとうなんだ」「風が気持ちいいからありがとうなんだ」と幸せ探しをはじめます。**1日ごきげんでいることができて、これだけで「感じのいい人」になれるようです。
この本の最後に「ありがとう」という感謝の言葉を再確認しましょう。

💬 **「ありがとう」は相手の存在を認めること**

「感謝」とは、幸せに気づくこと。当たり前と思っていることを「有難し（滅多にないこと）」と思う気持ちです。
「ありがとうございます」は、「あなたのその行為は滅多にないこと」と認識すること。これを言われて嫌がる人はいません。まさにコミュニケーションにおける魔法の呪文です。

この言葉を、今の5倍使う気持ちを持つ。これまで黙っていたり、「すみません」で済ませていたところを、意識的に「ありがとう」と言うようにしましょう。会議中、資料を隣の人が回してくれたら「ありがとう」。あなたの発言に得意先が質問してくれたら「ありがとうございます」。たったこれだけのことで好感度はまちがいなく上がります。

POINT① 「感謝」の効能効果はたくさん

感謝することで、批判する人の気を削ぐことができます。他にも「ひとりで頑張った」という自己中心的な発言が抑制される。ポジティブな脳内ホルモンが分泌されてリラックスして話せる。幸せ探しが上手になり毎日機嫌よく過ごせる。感謝には、よい効果効能がたくさんあるのです。

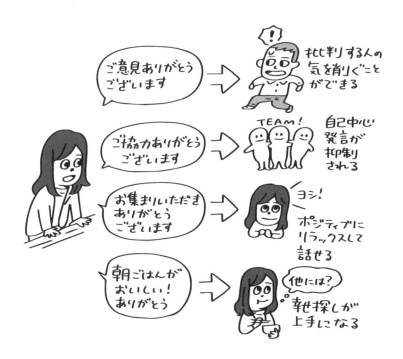

POINT② 会釈で済ますのはもったいない

これまで黙っていたり、「すみません」で済ませていたところを、意識的に「ありがとう」と言うようにしましょう。満員電車に乗るときにつめてくれた、会議室を予約しておいてくれた、エレベーターの行き先を聞いてくれた……今日1日を振り返ると、「ありがとう」と言う機会をたくさん見つけることができるはずです。

「ありがとう」が3つ入った日記を
つけよう

「ありがとう」を3つ入れた日記を書いてみましょう。

コツは、文頭を「ありがたいことに」ではじめ、最後は必ず「ありがとうございます」で終える。文中にもうひとつ「ありがとう」を入れる工夫をすることです。文章としては多少おかしくても、「ありがとう」の気持ちを積極的に書くことに重きを置いてください。

> ありがたいことに（❶）、今日は忙しい東海林副社長が時間をつくってくださった。話の中で「次の企画は伊藤さんのところにお願いする」と言われた。うれしい！ がんばってくれたスタッフのみんな、ありがとう（❷）。東海林さん、ありがとうございます（❸）。

「ありがとう」という感謝の言葉は免疫力の向上、痛みの軽減などの身体的効能。また、他者に寛容になる、孤立感が減るなどの社会的効能もあります。厳しいビジネス社会の中のパワーワードが「ありがとう」なのです。

おわりに
自分自身を決めつけなければ、
必ず道はひらく

小学校の頃に通っていた学習塾の先生が、

「何をするときでもまず、『これはやさしい』『自分にはできる』と思い
なさい。『ダメだ』『もうできない』と考えたら、その段階でもうできません」

とよく口にしていました。
どんな難しい算数の問題でも「うん、自分ならこれは解ける」と自己暗示
をかけてからとりかかる。そんな簡単なことで実際の問題は解けないので
すが、「あぁ、難しそう。自分には解けない」と思わないぶん、算数に対
する劣等感の蓄積が少なくてすみました。

「言葉」も同じです。「思いつくこと」「まとめること」「伝えること」に
対して、「あ、これならできるかも」「意外に簡単だ」と思うのと「私には
できない」「ダメなんです」と諦めてしまうのでは、同じ能力でも雲泥の
開きが出てしまいます。

前作『博報堂スピーチライターが教える ５日間で言葉が「思いつかない」
「まとまらない」「伝わらない」がなくなる本』から４年。この歳月の中で
私が確信したのは、生まれながらに口下手な人は非常に少ないということ。
気の持ちようとわずかなトレーニングで自信がついてくる。すると、言葉
の力は雪だるま式に強く、大きくなっていくのです。

これを教えてくれたのは、大阪芸術大学の学生たちでした。

本書に書かれた「ヘーゲルノート」を教えたところ、３人組のグループが、観る映画を決めるときも、ランチのメニューを決めるときにも活用していました。「紙に書くだけで反対意見が言いやすくなった」と嬉しそうな顔をしています。

また「この学生の話は深いなぁ、味わいがあるなぁ」と思ったら、「これ、先生が教えてくれた『失敗談＋教訓』で話しているだけですけど」と言われてしまった。学生たちのメソッドをものにする早さに驚きました。

素直な学生たちは、すぐに実践してくれる。面白半分に使ってくれる。「『これはやさしい』『自分にできる』と思ってやってごらん」という言葉を受け入れて、この本に書かれた内容を学んでいく。

明らかに４月に講義をはじめた頃と終講の頃では、学生たちの言葉が変わっていくのです。

この本は、そんな学生たち、様々な企業団体で講義をしてきた経験と聴講生の質問、意見、感想などを私なりに咀嚼してつくりました。

執筆にあたっては、大和出版編集部の礒田千紘さんに今回もお世話になりました。いや、お世話になったどころではありません。この本はまさに礒田さんと二人三脚で、４年の歳月を歩き続けた結果生まれました。彼女は、もうひとりの作者です。

さらにイラスト図解を描いてくれたヤギワタルさん。前作で人気者になった主人公「山崎大」を描いてくれた彼が、今回は、かわいくて、わかりやすくて、味わい深いイラストを手がけてくれました。ヤギワタルさんも、この本のもうひとりの作者です。

さらには、大阪芸術大学の愛すべき学生たち。神原晴香、松田紗香、岩井原拓巳、上原響、野口清花、比屋定小晴、西田心永美、桑野佑太他のみなさん。あなたたちの日々の言葉が、今回の執筆の原動力になりました。

世代のギャップや価値観の違いを埋めるのに大いに役立ちました。みんな、本当にありがとう。

言葉こそ、この時代を生き抜く武器になる

21世紀も、四半世紀を迎えています。

この時代は決して平坦な道ではなく、パンデミック、戦争、環境問題、政治・経済システムの金属疲労、インターネット、少子高齢化などによる価値観や世代間ギャップ、格差社会などありとあらゆる問題が噴き出しています。ちょうど「昭和」が100年を迎えるこの時期は、古い殻を脱ぎ捨てて、新しい時代へと歩み出るときなのでしょう。

未来が見えない。何が価値あるもので、どんなものが時代から取り残されていくのか明確ではない。そんな混沌とした時代を私たちは懸命に生きています。

私は、この時代を生き抜くべき武器は、「言葉」だと考えています。

洪水のように流れる情報の中で、何が正しく、何が間違っているかを考えるための言葉。感情に流されることなく、自分の考えをまとめ、自分の立ち位置を明確に示すための言葉。自分の思いを伝え、共感を得て、相手に行動変容を起こさせる言葉。

「言葉」を手にしている者と、していない者との差は今後ますます広がっていくことでしょう。

しかし、怖がる必要はありません。諦めなくてもいいのです。

昨日まで多くの人を魅了していた人の言葉が、あっという間に賞味期限を迎え葬り去られていく。

そんな時代だからこそ、人と比べることをせず、自分に最も適した、自分の味わいとなる言葉を身につけていけばいいのです。

そのノウハウをこの本に書きました。これまでに書いた21冊の本の中でも、かなり自信のある作品です。多くの人に手にとってほしい一冊です。

いくつになっても、言葉の力は衰えない

母の話を書きます。今年 92 歳になります。
コロナ禍をホームの一室で過ごした母は、足の力が弱くなってしまいました。目も耳も歯も、衰えてきています。

お正月に私の家に来たとき、「歳をとってしまった」と寂しそうでした。
しかし、帰り道、駅に向かう急勾配の坂に向かって「歩ける気がする」と言いました。私ですら、途中で立ち止まって息を整えるような坂道です。
しかし母は、狭い歩幅で一歩ずつ歩き、その坂を登り切ったのです。息子の私にも信じられない精神力です。

いや、違うな。精神力だけではありません。
それは「歩ける気がする」と口に出した言葉の力。塾の先生が教えてくれた「何をするときでもまず『これはやさしい』『自分にはできるな』と思いなさい」を母はこの歳で実践しているのだと思いました。

言葉には、これほどの力があるのです。
言葉こそが、生きる力なのです。

この本を読んでくださったみなさんに感謝。
そして少しでも「言葉の力」、「生きる力」を感じてくれたなら、作家冥利に尽きるというものです。ありがとうございました。

ひきたよしあき

ひと目でわかる、すぐに身につく

[イラスト図解] 5日間で言葉が「思いつかない」「まとまらない」「伝わらない」がなくなる本

| 2024 年 2 月 29 日 | 初版発行 |
| 2024 年 10 月 23 日 | 4 刷発行 |

著　者……ひきたよしあき
イラスト…ヤギワタル
発行者……塚田太郎
発行所……株式会社大和出版
　　　東京都文京区音羽 1-26-11　〒112-0013
　　　電話　営業部 03-5978-8121 ／編集部 03-5978-8131
　　　https://daiwashuppan.com
印刷所／製本所……日経印刷株式会社
装幀者……原田恵都子 (Harada+Harada)